Islam

AF723988

Grundriss

Vertiefungen

Anhang

Ausspracheregeln

ḍ, ṭ .... dumpfes d, t
ṣ .... dumpfes stimmloses s
ẓ .... dumpfes stimmhaftes s
s .... stimmloses s
z .... stimmhaftes s
dh .... wie das englische th in that
th .... wie das englische th in thing
gh .... nicht gerolltes Gaumen-r
kh .... im Rachen gerolltes h
j .... dsch
ḥ .... gehauchtes h
q .... am Zäpfchen gesprochenes k
r .... Zungen r
sh .... sch
ʿ .... explosiver Kehllaut
ʾ .... Stimmritzenverschluss, wie in »beeilen«

Die Koranstellen stammen zumeist (leicht modifiziert) aus der Koranübersetzung der Webseite »Islam.de« des »Zentralrats der Muslime Deutschlands«. Ausnahmen sind eigens bezeichnet.

GRUNDRISS

GLAUBE UND LEBEN DER MUSLIME

Gott und sein Prophet Muḥammad

Bi-smi llâh ar-Raḥmân ar-Raḥîm (»im Namen des barmherzigen und gnädigen Gottes«) – diese arabische Formel leitet nicht allein jedes islamische Buch ein, gläubige Muslime verwenden sie vor allen bedeutsamen Handlungen, auch dem Essen. Sie drücken damit aus, dass all ihr Tun sich ableitet aus ihrer Hingabe an Gott – nichts anderes bedeutet der Begriff *islâm*. Muslim ist also jemand, der sich Gott hingibt, und *Allâh* (arab. »der Gott«) begleitet ihn in allen Phasen seines Lebens. Pläne für die Zukunft können nur verwirklicht werden, »wenn Gott will« (*in shâ'a llâh*), wie eine oft gebrauchte Formel lautet. Gelingt ein Vorhaben, so sagt man: »Preis sei Gott« (*al-ḥamdu li-llâh*). Denn: »Es gibt keine Macht und keine Kraft außer bei Gott« (*lâ ḥaula wa-lâ quwwa illâ bi-llâh*). Dass nichts Gott gleichkommt, betont die Formel *Allâhu akbar* (»Allâh ist überaus groß, größer als alles andere«) und der erste Teil des kurzen muslimischen Glaubensbekenntnisses, der *shahâda*: »Es gibt keine Gottheit außer Gott« (*lâ ilâha illâ l-Allâh*).

Nicht durch das Bekenntnis zum Monotheismus unterscheidet sich der Islam von Judentum und Christentum, sondern durch den zweiten Teil der *shahâda*: *wa-Muḥammad rasûl Allâh*, »und Muḥammad ist sein Prophet«. Muḥammad, Sohn des ʿAbd Allâh, wurde nach den Angaben der muslimischen Prophetenbiographie um 570 in Mekka auf der arabischen Halbinsel geboren. Seine Eltern starben schon früh, er wuchs bei seinem Onkel Abû Ṭâlib auf. Im Alter von etwa 40 Jahren hatte Muḥammad erste Visionen, die er nach anfänglichen Zweifeln als göttliche Offenbarung erkannte. Es waren Erklärungen der Allmacht des einen Gottes, Aufrufe gegen den in Arabien dominierenden Polytheismus und Warnungen, dass diejenigen, welche sich Gott nicht unterwerfen, im bevorstehenden Jüngsten Gericht harte Strafen erleiden werden. Muḥammad begann, den Mekkanern die Offenbarungen mitzuteilen. Einige wurden Muslime, aber die meisten, besonders die führenden Personen der Stadt, stellten sich gegen ihn. Sie sahen in Muḥammad nichts weiter als einen Besessenen. Darüber hinaus fürchteten sie, dass Mekka seinen damaligen Status als heidnisches Pilgerzentrum und somit als wichtiger und gewinnbringender Marktort verlieren würde, wenn der Glaube an die altarabischen Götter nicht mehr bestehe. So entspann sich bald ein Konflikt, welcher die Muslime in solche Gefahr brachte, dass sie 622 die Auswanderung (*hijra*) in die Stadt Yathrib, später genannt al-Madîna (Medina, arab. für »die Stadt«), vollzogen.

Muḥammad traf eine Übereinkunft mit den Medinensern, durch die sie ihn nicht allein als Propheten, sondern auch als politischen Führer ihres nunmehr muslimischen Gemeinwesens anerkannten. Bald brachen Konflikte mit den Heiden aus. Die Muslime überfielen 624 mit Erfolg eine mekkanische Karawane bei der Oase Badr. Im Jahre 625 fügten ihnen die Mekkaner am Fuß des Berges Uḥud zwar eine Niederlage zu, ein Angriff auf Medina scheiterte aber in der »Grabenschlacht« von 627 – die Verteidiger hatten die mekkanischen Truppen durch Gräben aufgehalten. Danach erlangten die Muslime zunehmend die Oberhand in dem Konflikt. Viele arabische Stämme schlossen sich der muslimischen Gemeinschaft an, und 630 konnte Muḥammad schließlich Mekka einnehmen. Er starb 632 in Medina.

Obwohl von den Muslimen besonders verehrt, gilt ihnen Muḥammad nur als Mensch. Er besitzt nichts Göttliches und ist nicht in der Lage Wunder zu wirken. Gott aber wirkte Wunder an ihm. In Sure 17:1 sehen Muslime eine Andeutung auf die »Nachtreise von der heiligen Moschee zu der fernen Moschee.« Die spätere Legende berichtet darüber ausführlich: Ein Engel führte Muḥammad auf dem himmlischen Reittier Burâq in einer Nacht von Mekka nach Jerusalem, von wo aus der Prophet in den Himmel aufstieg und das Paradies schaute. Das größte Wunder, das Gott an dem Propheten bewirkte, sehen die Gläubigen aber in den Offenbarungen des Koran.

Koran und Prophetenüberlieferung

Dementsprechend heißen die Verse, aus denen sich der Offenbarungstext zusammensetzt, »Wunderzeichen« (*âyât*). Für Muslime sind es die Worte Gottes, welche Muḥammad – an seine Mitmenschen gerichtet – rezitierte, was auf Arabisch *qara'a* bedeutet. Davon ist der Begriff *al-qur'ân* (der Koran, das Rezitierte) abgeleitet. Da Gott das Arabische als Medium der Offenbarung benutzte, genießt diese Sprache besondere Verehrung seitens aller Muslime. Übersetzungen des Koran sind nur als Hilfsmittel für diejenigen gedacht, welche das Arabische nicht beherrschen. Denn eine Übersetzung, so lautet der Vorbehalt, birgt nicht nur die Gefahr, den Sinn des Originals zu entstellen, sie kann auch nicht die Kraft der göttlichen Rede wiedergeben. Für Muslime liegt ein ganz wesentliches Charakteristikum in der sprachlichen **Schönheit des Koran**, die, so deutet der Text selber → S. 118 an, nicht nachgeahmt werden kann. Tatsächlich wird wohl jeder, der eine Koranrezitation hört, ob er des Arabischen mächtig ist oder nicht, den Reiz seiner rhythmischen und gereimten Prosa empfinden. Die Teilübersetzung des Koran durch Friedrich Rückert (1788–1866) lässt den Stil des Originals zumindest erahnen. Hier zwei Beispiele:

»Ihr Gläubigen, kommt zum Gebet nicht trunken,
Daß ihr auch wisset, was ihr saget;
Auch nicht befleckt (es sei denn auf der Reise),
Bevor ihr euch gewaschen habet.« (4:43)

»Die schnaubenden, die jagenden,
Mit Hufschlag Funken schlagenden,
Den Morgenangriff wagenden,
Die Staub aufwühlen mit dem Tritte,
Und dringen in des Heeres Mitte!
Ja, der Mensch ist gegen Gott voll Trutz,
Was er sich selbst bezeugen muß,
Und liebet heftig seinen Nutz.
O weiß er nicht, wann das im Grab wird aufgeweckt,
Und das im Busen aufgedeckt,
Daß nichts von ihnen ihrem Herrn dann bleibt versteckt?« (100)

Muḥammad gab die Offenbarungen mündlich weiter, und seine Anhänger behielten sie im Gedächtnis oder schrieben sie auf Holz, Knochen oder andere Materialien. Der heute vorliegende Korantext erhielt seine Form nicht zur Zeit des Propheten, sondern nach gängiger muslimischer Auffassung – wenn auch die Quellen dazu wenig Eindeutiges sagen – erst während der Herrschaft eines seiner Nachfolger, des dritten Kalifen ʿUthmân (644–656). Der Kalif wies einige Gelehrte an, aus einzelnen Offenbarungsteilen und verschiedenen kursierenden Koranfassungen einen einheitlichen Text zu erstellen, welcher in der Folge allgemein gültig wurde. Die 114 Kapitel des Koran, die Suren, enthalten jeweils meist eine Offenbarung; in einigen finden sich jedoch auch Verse verschiedener Offenbarungen. Jede Sure außer der neunten wird durch die *basmala*, die Formel *bi-smi llâh ar-Raḥmân ar-Raḥîm* (»im Namen des barmherzigen und gnädigen Gottes«) eingeleitet. Den Suren wurden Namen gegeben in Form von Stichworten oder kurzen Inhaltsgaben, die allerdings nur in begrenztem Maße Aufschluss über ihren Gehalt geben. Denn es handelt sich bei dem Koran nicht um ein systematisch ausgearbeitetes Traktat; viele Themen werden in mehreren Suren behandelt, während einzelne Suren eine Vielzahl von Gegenständen enthalten.

Zum Beispiel geht zwar die vierte Sure, »Die Frauen«, am Anfang auf einige Aspekte des Verhältnisses zwischen Männern und Frauen ein, kommt dann aber zur Warnung an die Gläubigen, Waisen ihren Besitz nicht streitig zu machen (Vers 2), verbietet, trunken zum Gebet zu gehen (Vers 43) und behandelt noch eine Reihe anderer Themen. Sure 12, »Yûsuf«, ist hingegen fast ausschließlich der Geschichte Josephs und seiner Brüder gewidmet.

Ein Prinzip der Redaktion des Korantextes bestand darin, die Suren im Großen und Ganzen in absteigender Länge anzuordnen. Da die in Muḥammads mekkanischer Zeit herabgesandten Offenbarungen relativ kurz sind, finden sie sich am Ende des Textes. Eine Ausnahme macht die aus sieben Versen bestehende Fâtiḥa (die Eröffnende), die Einleitung des Koran. Sie stellt eines der von Muslimen am häufigsten gebrauchten Gebete dar: »Im Namen Allâhs, des Allerbarmers, des Barmherzigen. Alles Lob gebührt Allâh, dem Herrn der Welten, dem Allerbarmer, dem Barmherzigen, dem Herrscher am Tage des Gerichts! Dir (allein) dienen wir, und Dich (allein) bitten wir um Hilfe. Führe uns den geraden Weg , den Weg derer, denen Du Gnade erwiesen hast, nicht (den Weg) derer, die (Deinen) Zorn erregt haben, und nicht (den Weg) der Irregehenden.«

Die Fâtiḥa enthält in nuce, was der Koran an vielfältigen Themen anspricht. Nur die wichtigsten davon sollen im Folgenden betrachtet werden. Sure 41:9–12 behandelt den ersten Schöpfungsakt: »Sprich: ›Leugnet ihr Den wirklich, Der die Erde in zwei Tagen schuf? Und dichtet ihr Ihm Nebenbuhler an?‹ Er nur ist der Herr der Welten. Und Er gründete in ihr feste Berge, die sie überragen, und segnete sie und ordnete auf ihr ihre Nahrung in richtigem Verhältnis in vier Tagen – gleichmäßig für die Suchenden. Dann wandte Er Sich zum Himmel, welcher noch Nebel war, und sprach zu ihm und zu der Erde: ›Kommt ihr beide, willig oder widerwillig.‹ Sie sprachen: ›Wir kommen willig.‹ So vollendete Er sie als sieben Himmel in zwei Tagen, und jedem Himmel wies Er seine Aufgabe zu. Und Wir schmückten den untersten Himmel mit Leuchten (, welche auch) zum Schutz (dienen). Das ist die Schöpfung des Erhabenen, des Allwissenden.« Gott hat die Welt insgesamt – und nicht nur durch die hier genannten Leuchten Sterne, Sonne und Mond – zum Wohle des Menschen eingerichtet. »Und ein Zeichen ist ihnen die tote Erde. Wir beleben sie und bringen aus ihr Korn hervor, von dem sie essen. Und Wir haben auf ihr Gärten mit Dattelpalmen und Beeren angelegt, und Wir ließen Quellen aus ihr entspringen, damit sie von ihren Früchten essen; und ihre Hände schufen sie nicht. Wollen sie da nicht dankbar sein?« (36:33–35) Der aus Erde entstandene Mensch (30:20) steht über allen anderen irdischen Geschöpfen und ist Vertreter Gottes (*khalîfat Allâh*) auf Erden. Als solcher hat er die Pflicht, in der irdischen Schöpfung die Zeichen von Gottes Allmacht zu erkennen, ebenso wie in den Versen des Koran. Die irdischen Zeichen werden, wie die Koranverse, Wunderzeichen (*âyât*) genannt.

Zu den Geschöpfen Gottes gehören die Dschinnen, Wesen, welche in verschiedenen Formen auftreten können, als Helfer oder als Gegenspieler des Menschen. Eine bedeutendere Rolle im Schöpfungsplan kommt aber den Engeln zu, den Grabesengeln etwa, die den Menschen nach seinem Tod über seine Taten befragen, oder dem Engel Jibrîl (Gabriel), welcher Muḥammad auf seiner Nachtreise geleitete und ihm die göttlichen Offenbarungen überbrachte. Iblîs, auch genannt Shaiṭân (der Teufel), weigerte sich als einziger Engel, auf Gottes Befehl hin dem gerade geschaffenen ersten Menschen Adam zu huldigen (15: 26–34). Daraufhin wurde er von Gott gestürzt, blieb aber hinfort in der Lage, die Menschen immer wieder zum Bösen zu verführen. So auch Adam und Eva, die Gottes Warnung, vom verbotenen Baum zu essen, aufgrund seiner Einflüsterung missachteten (20:116–123).

Die Menschen sind unvollkommene Wesen, die zwar Gottes Willen erkennen mögen, aber auch immer in Gefahr schweben, der Sünde zu verfallen. Von einer Erbsünde allerdings spricht der Koran nicht, nur die Taten des einzelnen Menschen entscheiden über seine Beurteilung durch Gott. Die muslimischen Gelehrten betonen, dass jeder Mensch als Muslim geschaffen ist. Nach Erlangen der Erkenntnisfähigkeit stellt sich die Frage, ob er den Islam von sich aus annimmt und Teil der muslimischen Gemeinschaft (*umma*) wird oder ob er dem Unglauben anheim fällt. Die Abwägung von Sünden und guten Taten erfolgt beim Jüngsten Gericht, zu dem Körper und Seele des Menschen wieder auferstehen. Nach dem Gericht werden die einen zur ewigen Verdammnis in die Hölle geschickt, während die anderen Glückseligkeit im Paradies finden (39:67–75). Der Koran verheißt besonders denjenigen Menschen, die als Märtyrer (*shuhadâ'*, sing. *shahîd*) »auf dem Weg Gottes«, etwa im Kampf gegen Ungläubige, sterben, großen Lohn im Jenseits (4:74).

Gott sandte den Menschen seine Offenbarungen durch eine Reihe von altarabischen und jüdischen Propheten, darunter Abraham, Moses und Jesus. Muḥammads Sendung beschließt die Geschichte des Prophetentums. Unter den früheren Gesandten Gottes nimmt Abraham eine Sonderstellung ein, gilt er doch als der Prototyp eines Propheten, einer, der den Monotheismus gegen die zu seiner Zeit herrschende und auch von seinem Vater vertretene Vielgötterei verkündete: »Abraham war weder Jude noch Christ; vielmehr war er lauteren Glaubens, ein Muslim, und keiner von denen, die (Allâh) Gefährten beigesellen. Wahrlich, die Menschen, die Abraham am nächsten stehen, sind jene, die ihm folgen, und dieser Prophet (Muḥammad) und die Gläubigen. Und Allâh ist der Beschützer der Gläubigen.« (3:67–68) In Sure 2:127 wird Abraham zusammen mit seinem Sohn Ismail als Erbauer der Kaʿba in Mekka vorgestellt, des zentralen islamischen Heiligtums, in dessen Richtung sich die Gläubigen im obligatorischen Gebet verneigen und das sie bei der Pilgerfahrt aufsuchen.

Viele koranische Erzählungen haben den Charakter von Straflegenden. Einige berichten über altarabische Stämme, welche Gott untergehen ließ, weil sie seiner Botschaft nicht folgten (z.B. 53:50–55). Andere nehmen Stoffe auf, die auch aus der Bibel bekannt sind, so etwa die Sintflut-Geschichte (87:59–64) und die Erzählung von Lot (7:80–84). Aufgrund solcher Ähnlichkeiten wurde Muḥammad als Plagiator angegriffen. Er habe den Koran aus Bruchstücken früherer Offenbarungsschriften zusammengesetzt, vieles daraus missverstanden oder bewusst verfälscht. Nach muslimischer Auffassung hingegen empfingen Juden und Christen zwar göttliche Offenbarungen, schrieben sie aber in verzerrter Form nieder. Mit dem Koran erst gelangte Gottes Wort unverfälscht zu den Menschen. Es sei nicht überraschend, erklären Muslime, dass die Geschichte früherer Völker und ihrer Propheten Teil des Koran ist, denn daran zeige sich nicht nur, wie Gott sich schon früher an die Menschheit wandte, sondern auch, wie diese sich mit Ausnahme einiger weniger ihm verweigerte.

Die meisten der in Arabien lebenden Juden und Christen waren nicht bereit, die durch Muḥammad verkündeten Offenbarungen anzuerkennen. Die frühen Suren betonen die Gemeinsamkeiten zwischen den verschiedenen monotheistischen Religionen, später jedoch erhebt der Koran heftige Anklagen gegen die Juden (4:155 ff; 5:78) und die Christen, vor allem gegen deren Glauben an die Gottessohnschaft Jesu und die Trinität: »O Leute der Schrift, übertreibt nicht in eurem Glauben und sagt von Allâh nichts als die Wahrheit. Wahrlich, der Messias, Jesus, Sohn der Maria, ist nur der Gesandte Allâhs und Sein Wort, das Er Maria entboten hat, und von Seinem Geist. Darum glaubt an Allâh und Seine Gesandten, und sagt nicht: ›Drei‹. Lasset (davon) ab – (das) ist besser für euch. Allâh ist nur ein einziger Gott. Es liegt Seiner Herrlichkeit fern, Ihm ein Kind zuzuschreiben. Sein ist, was in den Himmeln und was auf Erden ist; und Allâh genügt als Anwalt.« (4:171) Entsprechend lehnen Muslime die Bezeichnung »Muḥammadaner« im Allgemeinen ab, welche eine ihrer Auffassung nach falsche Analogie zum Begriff »Christ« enthält. Wenn sich Muslime so nennen, dann lediglich, um anzudeuten, dass sie in all ihrem Tun genau dem Vorbild des Propheten folgen wollen.

Eine der letzten Offenbarungen wurde vor allem von früheren muslimischen Juristen als Grundlage für die Gestaltung des Verhältnisses zwischen Muslimen einerseits sowie Juden und Christen andererseits angesehen: »Kämpft gegen diejenigen, die nicht an Allâh und an den Jüngsten Tag glauben, und die das nicht für verboten erklären, was Allâh und Sein Gesandter für verboten erklärt haben, und die nicht dem wahren Glauben folgen – von denen, die die Schrift erhalten haben, bis sie eigenhändig den Tribut in voller Unterwerfung entrichten.« (9:29) Im Zuge der seit dem 19. Jahrhundert aufgekommenen Debatten um die Frage des *jihâd*, verstanden als Kampf oder Krieg gegen Ungläubige, ist allerdings die Absolutheit, mit der hier die Unterwerfung gefordert scheint, in Frage gestellt worden (**Krieg und Frieden**). →S. 79

Den Polytheisten räumt der Koran die Beibehaltung ihres Glaubens nicht ein. Sie müssen entweder zum Islam konvertieren oder sterben – jedenfalls seit der Zeit, als die Muslime sich in Medina konsolidiert hatten und zum Waffengang gegen sie in der Lage waren. Die frühen Offenbarungen, herabgesandt in Muḥammads mekkanischer Periode, sind in diesem Punkt noch zurückhaltender. Er beschwört die Mekkaner, vom Polytheismus abzulassen und führt dazu scheinbar einleuchtende Gründe an. In 27:60 heißt es: »Wer hat denn Himmel und Erde geschaffen und euch vom Himmel Wasser herabkommen lassen? Damit haben Wir herrliche Gärten wachsen lassen, deren Bäume ihr nicht wachsen lassen könntet. Existiert wohl ein Gott neben Allâh? Aber nein, sie sind Leute, die (Ihm andere Wesen) gleichsetzen? Nein, sie sind ein Volk, das Götter neben Gott stellt.«

Nach Angaben muslimischer Kommentatoren habe der Teufel Muḥammad einmal eingeflüstert, die altarabischen Gottheiten al-Lât, al-ʿUzzâ und Manât anzuerkennen. Daraus seien die so genannten

»satanischen Verse« hervorgegangen, welche durch eine göttliche Offenbarung entlarvt und somit nicht in den Koran aufgenommen wurden. Ganz deutlich wird die Abwendung von den Heiden in Sure 109: »Sprich: O ihr Ungläubigen! Ich diene nicht dem, dem ihr dient, und ihr dient nicht Dem, Dem ich diene. Und ich werde nicht Diener dessen sein, dem ihr dient, und ihr dient nicht Dem, Dem ich diene. Ihr habt eure Religion, und ich habe meine Religion.«

Ein wichtiges Themengebiet des Koran stellt die moralische Orientierung der muslimischen Gemeinschaft dar. Die Offenbarung nimmt zu den verschiedensten Lebenslagen der Muslime in einer Weise Stellung, die wenig Unterschiede zu jüdischen und christlichen Moralvorstellungen erkennen lässt. Sure 17:22–37 enthält einen Katalog von Pflichten, welcher dem mosaischen Dekalog durchaus ähnelt: 1) Glaube an den einen Gott. 2) Güte gegenüber den Eltern: »Wenn ein Elternteil oder beide bei dir ein hohes Alter erreichen, so sage dann nicht ›Pfui!‹ zu ihnen und fahre sie nicht an, sondern sprich zu ihnen in ehrerbietiger Weise. Und senke für sie in Barmherzigkeit den Flügel der Demut und sprich: ›Mein Herr, erbarme Dich ihrer (ebenso mitleidig), wie sie mich als Kleines aufgezogen haben.‹« 3) Mildtätigkeit, »aber sei (dabei) nicht ausgesprochen verschwenderisch«. 4) Das Verbot der im vorislamischen Arabien herrschenden Praxis, in Notzeiten neugeborene Mädchen zu töten. Verbot der illegalen Tötung, Erlaubnis der angemessenen Blutrache. 5) Das Verbot der »Unzucht«. 6) »Und tastet nicht das Gut der Waise an, es sei denn zu (ihrem) Besten, bis sie die Reife erreicht hat.« 7) Das Gebot der Einhaltung von Verträgen. 8) Das Verbot des Betrugs. 9) Das Gebot, keine Gerüchte in Umlauf zu bringen. 10) Ablehnung des Hochmuts. An anderen Stellen finden sich weitere Vorschriften, darunter das Verbot des Diebstahls (5:38) sowie des Ehebruchs (24:2 ff).

Der Koran bedarf auch für einen gebildeten arabischen Leser der Erklärung, was schon früh zur Entwicklung der Wissenschaft von der

Koranauslegung führte. Grob lässt sich die Kommentarliteratur in die beiden Zweige des *tafsîr* und *ta'wîl* unterteilen. Beim *tafsîr* geht es vor allem darum, schwer verständliche Begriffe zu klären, die Anlässe der Offenbarung einzelner Verse sowie manchmal auftretende Widersprüche zwischen Versen zu begreifen. Der *ta'wîl*, der vor allem von Mystikern und Anhängern gnostischer Strömungen gepflegt wird, ist eine allegorische Exegese und spürt dem verborgenen Sinn des Textes nach. Einer der wichtigsten frühen Vertreter des *tafsîr* war der Gelehrte persischer Herkunft Abû Jaʿfar aṭ-Ṭabarî (gestorben 923), dessen arabischer Korankommentar etliche Dutzend Bände umfasst. Jeder Vers beziehungsweise Teil eines Verses wird darin beleuchtet und viele Aussagen der bis dahin tätigen Kommentatoren werden zitiert. In erster Linie ging es aṭ-Ṭabarî darum zu ergründen, welchen Wortsinn der Text hat. Dies zeigt sich zum Beispiel an seiner Deutung von Sure 2:213: »Die Menschen waren eine einzige Gemeinschaft (*umma*). Dann entsandte Allah die Propheten als Bringer froher Botschaft und als Warner. Und Er offenbarte ihnen das Buch mit der Wahrheit, um zwischen den Menschen zu richten über das, worüber sie uneins waren.«

Ein Auszug aus dem entsprechenden, von Helmut Gätje übersetzten Kommentar lautet: »Die Ausleger sind uneins über die Bedeutung (des Wortes) *umma* an dieser Stelle und über die Menschen, die Gott dadurch kennzeichnet, dass sie eine einzige *umma* waren. Einige Ausleger behaupten, es handle sich um die Menschen, die zwischen Adam und Noah lebten, nämlich um zehn Generationen, die alle einem Gesetz der Wahrheit (*sharîʿa mina l-ḥaqq*) folgten. Danach seien die Menschen uneins geworden.« Etwas später fährt aṭ-Ṭabarî fort: »Die ursprüngliche Bedeutung von *umma* ist die einer Gemeinschaft (*jamâʿa*), die sich über eine einzige Religion eins ist. Man begnügte sich dann damit, von der *umma* statt von der Religion zu sprechen, weil jene auf diese hindeutet. In diesem Sinne sagt Gott: ›Und wenn Gott gewollt hätte, hätte er euch zu einer einzigen *umma* gemacht‹ (5:53; 16:95), das heißt zu Angehörigen einer einzigen Religion und eines einzigen Bekenntnisses. So hat Ibn ʿAbbâs bei seiner Auslegung des Wortes Gottes ›Die Menschen waren eine einzige *umma*‹ die Richtung verfolgt, dass sie Angehörige einer einzigen Religion waren, darauf aber uneins wurden. Andere Exegeten behaupten indessen, dass hier folgende Auslegung geboten sei: Adam war in der Wahrheit ein Vorbild (*imâm*) für seine Kinder. Dann ließ Gott unter seinen Nachkommen die Propheten auftreten. Diese Ausleger deuten (das Wort) *umma* in der Richtung, dass damit der Gehorsam gegen Gott sowie die Aufforderung, seine Einheit zu bekennen und seinem Befehl zu folgen, (also eine Handlungsweise, wie sie Adam eigen war) gemeint sei. Dabei beziehen sie sich auf Gottes Wort ›Abraham war eine *umma*, (dem einen) Gott demütig ergeben…‹ (16:120/121); denn hier meine Gott mit dem Wort *umma* ein Vorbild (*imâm*) in der Tugend, von dem man sich leiten läßt und dem man folgt.«

Der Begriff der *umma*, der islamischen Gemeinschaft, ist für islamische Intellektuelle bis heute ein Schlüsselkonzept. Man sieht im Kommentar aṭ-Ṭabarîs, wie die Gelehrten um die Ergründung dieses Konzepts im Rahmen des Offenbarungstextes rangen und damit wichtige Grundlagen für das ganze islamische Denken legten.

Einen ganz anderen Charakter als aṭ-Ṭabarîs Werk besitzt der *ta'wîl*-Kommentar des Mystikers ʿAbd ar-Razzâq al-Kâshânî (gestorben um 1330). In Sure 20:12 heißt es: »Ich bin es, dein Herr. So zieh deine Sandalen aus; denn du bist im heiligen Tal Ṭuwâ'.«

Al-Kâshânî interpretiert: »Zieh deine Sandalen aus: nämlich deine Seele und deinen Leib oder deine beiden (weltlichen) Daseinsformen; denn wenn man der Seele und des Leibes ledig ist, ist man der beiden (weltlichen) Daseinsformen ledig. Das heißt: Sobald man mit dem Geist und dem Inneren der Eigenschaften und der Beschaffenheit der Seele und des Leibes ledig ist, so dass man mit dem heiligen Geist eins wird, ist man der Seele und des Leibes (auch) mit dem

Herzen und der Brust ledig, indem die allgemeine Verknüpfung (mit ihnen) zerschnitten ist, ihre Wirkungen ausgelöscht sind und man ihren Eigenschaften und Tätigkeiten entgangen ist.« Die Entledigung von allen Ansprüchen des Selbst stellt das zentrale Ziel der islamischen wie auch anderer Formen der Mystik dar. Wichtig war den Theoretikern, dafür Grundlagen in der Offenbarungsschrift zu finden.

Seit dem späten 19. Jahrhundert nahm das Interesse an neuen Deutungen des Koran stark zu, da sich die Muslime durch den Kontakt zwischen **islamischer Welt und dem Westen** bis dahin ungekannten →S. 68 Herausforderungen gegenübersahen. Unter anderem mussten sie den Islam gegen den Vorwurf verteidigen, eine entwicklungsfeindliche Religion zu sein. Der so genannte »(natur-)wissenschaftliche *tafsîr*« versucht in Reaktion darauf zu zeigen, dass Erkenntnisse der modernen **Wissenschaft** und Errungenschaften der Technik bereits in →S. 87 der Offenbarung vorweggenommen sind. Seine Vertreter berufen sich dabei auf den Koran selbst: »Und Wir haben dir das Buch zur Erklärung aller Dinge herniedergesandt.« (16:89) Somit ließ sich argumentieren, dass zur Zeit der Offenbarung den Menschen – nicht aber Gott – unbekannte Phänomene im Koran beschrieben sein müssen. Ein Interpret verstand etwa eine Passage aus Sure 27:88, »Und die Berge, die du für fest hältst, wirst du wie Wolken dahingehen sehen«, als Hinweis auf die Erddrehung.

Auf Kritik von Seiten vieler Gelehrter stießen Ansätze zur **Historischen Koranexegese**. →S. 93 Widerspruch rief zum Beispiel hervor, dass der Wahrheitsgehalt einiger Geschichtserzählungen des Koran angezweifelt wurde. Zustimmung fanden hingegen Versuche, die Relevanz des Koran für die muslimische Gegenwart herauszuarbeiten, ohne seine absolute Wahrheit in Frage zu stellen. Der Ägypter Muḥammad ʿAbduh (1849–1905) war ein bedeutender Reformist und einer der ersten Gelehrten, der einen Kommentar schuf, welcher breite muslimische Leserschichten ansprechen und zu ihrer Bildung beitragen wollte. Deshalb bedient ʿAbduh sich eines einfachen Stils und nimmt zu aktuellen Fragen Stellung. Beispielhaft ist seine Diskussion der Mehrehe anhand von Sure 4:3: »Und wenn ihr fürchtet, nicht gerecht gegen die Waisen zu sein, so heiratet, was euch an Frauen gut ansteht, zwei, drei oder vier; und wenn ihr fürchtet, nicht billig zu sein, (heiratet) eine oder was im Besitz eurer rechten (Hand ist). So könnt ihr am ehesten Ungerechtigkeit vermeiden.«

Muḥammad ʿAbduh relativiert das Recht auf die Mehrehe in seinem Kommentar, der hier in der Übersetzung von Helmut Gätje zitiert wird: »Wenn ihr allerdings fürchtet, mehrere Gattinnen oder zwei Gattinnen nicht gerecht zu behandeln, müsst ihr euch auf eine beschränken. Dabei ist die Furcht, dass es an einer gerechten Behandlung fehlen werde, (bereits) mit einer entsprechenden Vermutung und einem entsprechenden Zweifel, ja sogar auch (schon) mit einem entsprechenden Argwohn gegeben. Das Gesetz mag jedoch den (bloßen) Argwohn entschuldigen; denn wo ein Wissen um derartige Dinge besteht, ist es kaum frei davon. Die Heirat von zwei oder mehr Frauen ist also demjenigen freigestellt, der von sich selbst die Überzeugung hat, dass er gerecht handeln wird.«

ʿAbduh macht aber weitere Einschränkungen. Er erklärt, dass in früherer Zeit die Mehrehe Vorteile besaß, beispielsweise den, die Solidarität innerhalb des Stammes und der Gemeinschaft zu stärken. Überdies war sie zu Zeiten verbreitet, als die religiösen Normen strikt von den Gläubigen befolgt wurden und vor allem tief verinnerlicht waren. So empfand die erste Frau die zweite Heirat nicht als Kränkung. Heute dagegen, so fährt er fort, erwüchse aus dem Konflikt der Ehefrauen untereinander Unheil für die Kinder und den Ehemann. Dieser könne etwa angestiftet werden, Kinder aus verschiedenen Ehen unterschiedlich zu behandeln und ihnen damit nicht ihre Rechte zukommen zu lassen. So kommt ʿAbduh zu dem Ergebnis: »Wenn nun zu einer (bestimmten) Zeit (wie heute) aus etwas ein Verderben folgt, das ihm früher nicht anhaftete, ist es zweifellos notwendig, die

Rechtsprechung zu ändern und dem aktuellen Zustand anzupassen, und zwar nach dem Grundsatz, dass man zuvor die Verderbnisse abwenden muss, um dann das Wohl herbeizuführen.«

Unter den Werken, die ʿAbduhs Vorbild folgten, hat der in den 1950er Jahren erschienene Kommentar von Sayyid Quṭb (1906–66) »*Fî ẓilâl al-qur'ân*« (»Im Schatten des Korans«) eine überaus große Verbreitung in der islamischen Welt – besonders unter **islamischen Aktivisten** – gefunden. →S. 71

Ein Hilfsmittel zur Exegese ist für die Muslime die Überlieferung (*ḥadîth*, Rede) von der *sunna*, dem Handeln und Reden Muḥammads sowie seiner Gefährten und Verwandten. Denn daraus ergeben sich nicht nur Hinweise auf die Anlässe der Offenbarungen, etliche Aussagen Muḥammads lassen sich auch als expliziter Kommentar zum Koran verstehen. Darüber hinaus bildet das Korpus der Prophetentraditionen eine eigenständige Quelle des Islam, deren Autorität nur der des Koran nachsteht.

Schon früh haben muslimische Gelehrte erkannt, dass immer wieder Überlieferungen über den Propheten gefälscht wurden. Wollte etwa eine Gruppe Muslime ihre Interessen gegen eine andere zur Geltung bringen, berief sie sich gern auf einen eigens dazu erfundenen Ausspruch Muḥammads. Um Gewissheit über die Richtigkeit der Überlieferung zu erlangen, entstand die *ḥadîth*-Kritik. Dabei wurde nicht nur die Plausibilität des Textes betrachtet, sondern auch die Wege der Überlieferung geprüft, welche im Allgemeinen mündlich vonstatten ging. Im Zentrum stand die Frage, ob die Überlieferer als Personen zuverlässig waren und ob die Kette der Überlieferung (*silsila*) etwa Lücken aufwies.

Ein Ergebnis der *ḥadîth*-Kritik war die Zusammenstellung autoritativer Sammlungen von Prophetenüberlieferungen. Die beiden Werke von al-Bukhârî (gest. 870) und Muslim (gest. 875) werden vor allem geschätzt, da sie allein als »gesund« (*ṣaḥîḥ*), d.h. für unzweifelbar echt befundene Überlieferungen versammeln. Im Rang folgen gleich darauf die *ḥadîth*-Sammlungen von Ibn Mâja (gest. 886), Abû Dâ'ûd (gest. 889), at-Tirmidhî (gest. 892) und an-Nasâ'î (gest. 915).

Diese Sammlungen sind wesentlich umfangreicher als der Koran, al-Bukhârî zum Beispiel führt ca. 8000 Traditionen auf. Die Anordnung des Materials folgt den Bedürfnissen der Gelehrten, welche daraus Aussagen zur Glaubens- und Pflichtenlehre des Islam gewinnen wollen. Am Anfang stehen die Traditionen zum Vorgang der Offenbarung und zum Glauben. Es folgen die Grundlagen des Ritus – rituelle Waschung, Gebet, Almosen, Pilgerfahrt – sowie eine Vielzahl rechtlicher Einzelbestimmungen, etwa zu Fragen des Leihens, des Bankrotts und zur Gestaltung von Testamenten.

Eine kleine Gruppe der *ḥadîthe* nennen die Gelehrten die »heiligen Überlieferungen«. Es seien göttliche Eingebungen Muḥammads, die dieser dann in eigenen Worten wiedergab – im Unterschied zu den koranischen Aussagen, welche Gottes eigene Worte enthielten. Oft wurden sowohl »heilige *ḥadîthe*« als auch andere in kleinen Sammlungen zusammengestellt, darunter besonders beliebt die Form der »40 *ḥadîthe*«. Große Verbreitung hat zum Beispiel die Kompilation des Yaḥyâ an-Nawawî (1233–1277) erlangt, nach seinen Worten »ein jeder *ḥadîth* davon eine wichtige Grundlage der Religion«.

Ebenso wie an-Nawawîs Werk sind auch die großen *ḥadîth*-Werke oft kommentiert worden und bilden bis heute für engagierte Muslime neben dem Koran *die* Basis ihres Denkens und Handelns.

Die Hauptpflichten der Muslime

Einer der von Yaḥyâ an-Nawawî aufgeführten *ḥadîthe* sticht besonders hervor, da er die »Fünf Säulen des Islam« nennt: »In Autorität von Abû ʿAbd ar-Raḥmân, Sohn von ʿUmar ibn al-Khaṭṭâb, Allâhs Wohlgefallen auf ihm, der sagte: Ich hörte den Boten Allâhs sagen: Der Islam ist auf fünf Säulen gebaut: Bezeugen, dass es keinen anderen Gott außer Allâh gibt, und dass Muḥammad der Bote Allâhs ist,

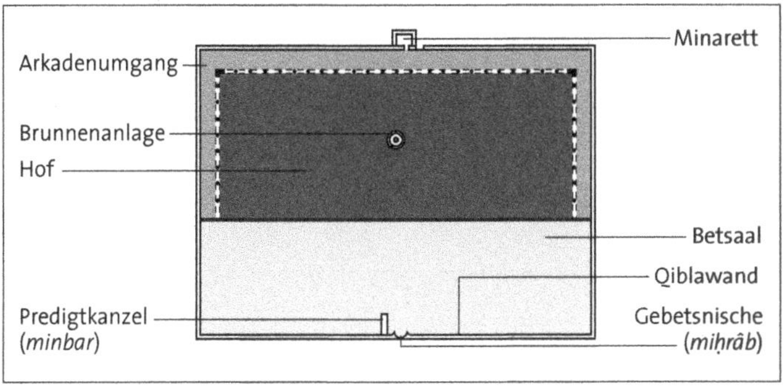

Grundriss einer Moschee

beten, ... Almosen geben, Wallfahrten zu dem Haus (der Kaʿba) und fasten im Ramaḍân.«

Die erste Säule des Islam ist also das Glaubensbekenntnis. Die vier weiteren stellen die wichtigsten rituellen Pflichten der Muslime dar. Die zentrale Bedeutung des Gebets (*ṣalât*), der zweiten Säule, stellt ein Lehrtext von in Deutschland lebenden Muslimen recht gut dar: »Das islamische Gebet ist kein bloßer Gottesdienst, es ist insgesamt ein Ausdruck von geistiger Meditation und spiritueller Hingabe, von Festigung des Charakters und von körperlicher Übung.« Wie jeder rituelle Akt wird *ṣalât* durch die Formulierung der *niyya* eingeleitet, der Absicht, damit Gott zu dienen. Zweitens muss der Gläubige sich in den Zustand ritueller Reinheit versetzen. Die durch Verdauung, Schlaf oder Ohnmacht verursachte »kleine Unreinheit« muss durch Waschung der Füße, der Unterarme und des Kopfes beseitigt werden, die »große Unreinheit«, etwa in Folge von Geschlechtsverkehr, durch eine Ganzkörperwaschung. Zum Gebet kann jeder reine Ort dienen, auch einfach ein Teppich. Besser ist es aber, in einer Moschee zu beten. Hier findet der Gläubige Wasserstellen zum Vollzug der rituellen Waschung und einen Gebetsraum, der mit Teppichen ausgelegt ist und nicht mit Schuhen betreten werden darf. Die vordere

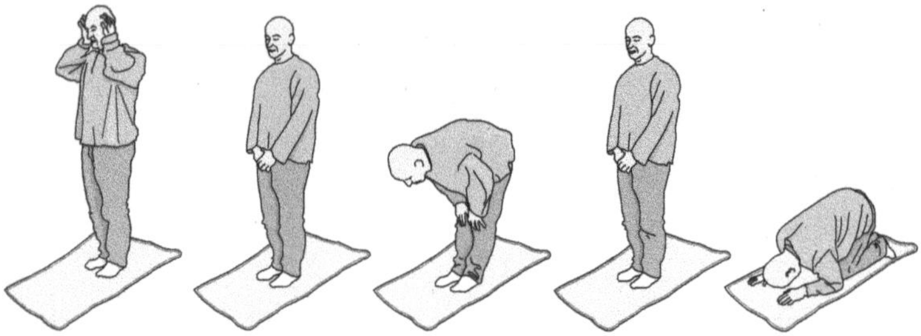

Der Ablauf des Gebetes (eine *rak'a*)

Wand der Moschee mit der darin eingelassenen Nische oder Steintafel (*miḥrâb*) zeigt die Gebetsrichtung (*qibla*) gen Mekka an. Betet man außerhalb einer Moschee, so muss man die Richtung schätzen – dabei können spezielle Kompasse helfen.

In der Moschee nimmt der Imâm, der Leiter des Gebets, vor dem *miḥrâb* Aufstellung. Hinter ihm finden sich in Reihen geordnet die anderen männlichen Gläubigen ein. Die Frauen beten in einem etwa durch ein Gitter gesonderten Teil des Gebetsraumes. Für sie sind auch eigene Waschgelegenheiten vorgesehen. Das Gebet gliedert sich in Zyklen von Bewegungen und Formeln, so genannte *rak'as*.

Fünfmal am Tag sollen die Gläubigen *ṣalât* verrichten: zur Morgendämmerung, am Vormittag, mittags, nachmittags und gegen Abend. Die Zeiten werden durch einen Gebetsruf (*adhân*) angekündigt, den meist ein Muezzin (*mu'adhdhin* = der den *adhân* verrichtet) vom Minarett einer Moschee vollzieht.

Die Gläubigen kommen nicht nur zum obligatorischen Gebet in die Moscheen, sondern auch zur individuellen Andacht, einfach um sich auszuruhen oder mit Freunden zu plaudern. Die Moschee ist der zentrale kultische und soziale Raum des Islam und auch Zeugnis von → S. 105 großen Leistungen in Architektur und **Kunst**. Moscheebauten des

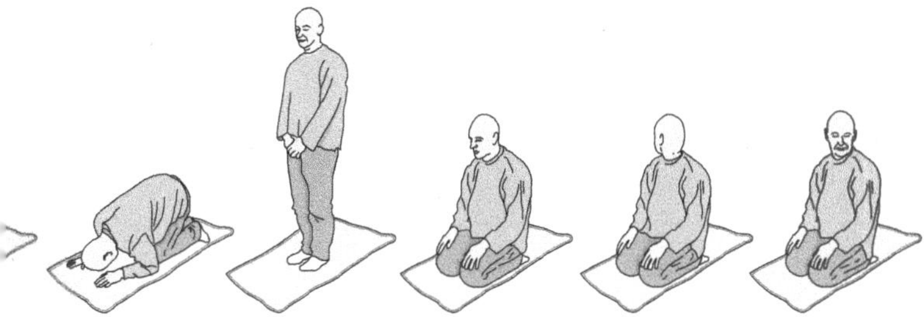

20. Jahrhunderts machen starke Anleihen bei der westlichen Architektur und können als Zeichen einer kulturellen Globalisierung gewertet werden.

Wenn die Gläubigen ansonsten einzeln beten dürfen, so muss am Freitag (*yaum al-jumʿa*, »der Tag der Versammlung«) das Mittagsgebet in der Gemeinschaft anderer Gläubiger verrichtet werden. In grö-

Die König-Faisal-Moschee in Islamabad, Pakistan, 1966–1986

Ein Prediger (*khaṭîb*) auf der Kanzel (*minbar*)

ßeren Städten gibt es dazu eine oder mehrere Freitagsmoscheen, die *jâmi'* (»Versammelnd«) heißen, während man einfache Moscheen *masjid* (»Ort des Niederwerfens«) nennt. Eine Besonderheit des Freitagsgebets – und der Gebete an manchen Festtagen – besteht darin, dass in seinem Verlauf eine Predigt (*khuṭba*) gehalten wird.

Die Predigt enthält erbauliche Geschichten, Ermahnungen, früher zudem die Nennung des regierenden Herrschers und hat somit traditionell auch politische Bedeutung. Oft wird sie heute von Gegnern bestehender Regime zur Anprangerung »unislamischer Gesetze« oder als Aufruf zu oppositionellen Akten genutzt. Predigten bekannter Gelehrter finden, gesammelt in Büchern oder auf Tonträgern, weite Verbreitung.

Um die Bedeutung der dritten Säule des Islam, des *zakât* genannten Almosens, zu verdeutlichen, sei wieder eine deutsche muslimische Darstellung angeführt: »Das Spenden ist ein Akt des Gottesdienstes und der spirituellen Investition. Die Almosensteuer, auf welche die Armen ein Recht besitzen, reinigt nicht nur den Besitz und das Vermögen, sondern auch (den Gläubigen) von Selbstsucht und Gier.« Fordert der Koran allgemein die Mildtätigkeit, so müssen alle Muslime die beschriebene Almosensteuer einmal im Jahr entrichten. Je nach Art der Vermögensgegenstände unterscheidet sich die Höhe, meist beträgt sie 2,5% des entsprechenden Vermögensteils. Gelegentlich wird *zakât* von staatlichen Stellen eingezogen, ansonsten bleibt es den Gläubigen selbst überlassen, für die Verteilung zu sorgen.

Alle körperlich und finanziell dazu fähigen Muslime sollen, dies ist die vierte Säule des Islam, einmal im Leben die Ka'ba in Mekka und die heiligen Stätten im Umkreis der Stadt aufsuchen. Im Ursprung älter als der Islam, ist diese Praxis wichtiger Teil des muslimischen Ritus geworden, ja für viele Muslime stellt die Pilgerfahrt (*ḥajj*) den Höhepunkt ihres Lebens dar. Die Pilgerfahrt nach Mekka bedeutet für den Gläubigen die wahre Hinwendung zu Gott und lässt ihn die

Gemeinschaft der Gläubigen spüren. Die etwa zwei Millionen Gläubigen, die alljährlich zur Pilgerfahrt zusammenkommen, wohnen heutzutage in Mekka in einer gewaltigen Zeltstadt, die von den saudi-arabischen Behörden errichtet wird. Diese sorgen auch für die Verpflegung und gesundheitliche Betreuung der Gläubigen. Bei der Ankunft in Mekka rezitieren die Pilger:

»Labbaika, allâhumâ labbaik
Labbaika lâ-sharîka laka labbaik
Innâ l-ḥamda wa-n-niʿmata laka wa-l-mulk
Lâ-sharîka lak.«

»Zu Deinen Diensten, oh Gott, zu Deinen Diensten
Zu Deinen Diensten, Du hast keinen Teilhaber,
zu Deinen Diensten
Nur Dir gebührt das Lob, von dir kommt die Gnade und das Reich,
Du hast keinen Teilhaber.«

Zu den mehrtägigen Pilgerritualen gehört der Besuch des »Gnadenhügels« in der Ebene ʿArafât nahe Mekka, wo man betend mehrere Stunden verweilt, so wie Muḥammad es auf seiner »Abschiedswallfahrt« im Jahre 632 getan hatte. Ebenfalls nach dem Vorbild des Propheten hält ein hochrangiger Gelehrter eine Predigt.

Nach der Übernachtung in Muzdalifa findet in Minâ die Schmähung des Teufels, symbolisiert durch Steinwürfe, statt. Im gleichen Ort schlachtet jeder Pilger am Tage des Opferfestes ein Schaf. Man gedenkt damit des Gehorsams des Propheten Abraham, dem Gott befahl, seinen Sohn Ismail zu opfern. Als Abraham sich dazu bereit zeigte, wurde ihm erlaubt, statt des Jungen ein Tieropfer darzubringen (37:102 ff). In Mekka verrichten die Pilger die siebenmalige Umrundung (*ṭawâf*) der Kaʿba. Bei der Kaʿba handelt es sich um ein kleines Gebäude im Hof der großen Moschee Mekkas, das nach musli-

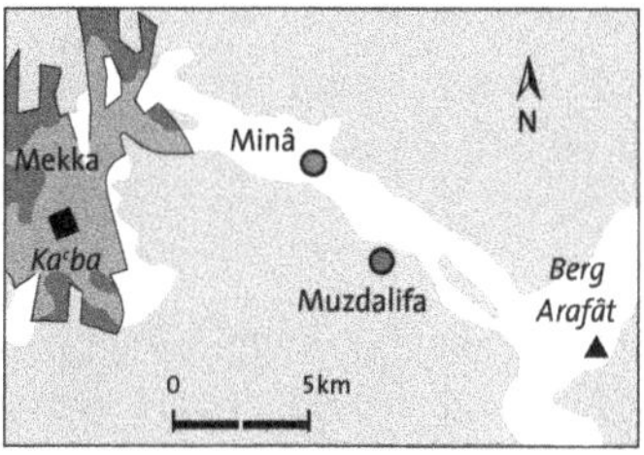

Stationen der Pilgerrituale: die *ḥajj*-Wege

mischer Auffassung von den Propheten Abraham und Ismail erbaute »erste Haus Gottes auf Erden« (3:96).

Während sie die Pilgerriten verrichten, tragen die Gläubigen – alten islamischen **Kleiderregeln** →S.98 folgend – ein weißes Gewand, das ihren Zustand der rituellen Reinheit (*iḥrâm*) anzeigt. Denn nur in dieser Verfassung ist die Pilgerfahrt gültig; verboten sind alle Praktiken, die zur Unreinheit führen. Unbedingt erforderlich zum *ḥajj* ist – wie auch im Falle der anderen islamischen Riten – die *niyya*, die Absicht des Gläubigen, aus Hingabe an Gott zu handeln – nicht etwa um bloß den äußeren Schein von Frömmigkeit zu wahren.

Die Pilgerfahrt findet im islamischen Monat Dhû l-ḥijja statt. Sie fällt nicht in eine bestimmte Jahreszeit, denn im Unterschied zum europäischen Kalender folgt der muslimische nicht der Sonne, sondern dem Mond. Das heißt, dass die islamischen Monate und Jahre kürzer sind als die des europäischen Sonnenkalenders. Das Jahr unterteilt sich in zwölf Monate, diese in Wochen, eine Woche hat sieben Tage. Die islamische Zeitrechnung beginnt mit dem Jahr der *hijra* 622; das islamische Jahr 1421 entspricht dem europäischen Jahr 2000.

Im islamischen Monat Ramaḍân müssen die Gläubigen die fünfte Grundpflicht des Islam erfüllen, das Fasten (*ṣaum*). Die Enthaltung von Essen, Trinken und sexuellen Beziehungen während des Fastens lehrt den Menschen die Liebe zu Gott. Hoffnung, Demut, Geduld, Selbstlosigkeit, Mäßigung, Willenskraft, Selbstdisziplin und die absolute Hingabe an Gott sollen durch Entsagung gestärkt werden. Von Sonnenaufgang bis -untergang reicht die Fastenpflicht, während die Nacht neben dem Essen dem Gebet und der Koranrezitation gewidmet ist. Befreit von der Pflicht sind Kinder, Kranke, Menschen, die schwere Arbeiten leisten, und Frauen in den Tagen der Menstruation. Die Praxis des Ramaḍân-Fastens geht auf einen vorislamischen Brauch zurück. Für Muslime ist der Monat aber auch deswegen von Bedeutung, weil Muḥammad in einer seiner letzten Nächte, der »Nacht der Bestimmung« (*lailat al-qadr*) die erste Offenbarung erhielt (97). Genau ist nicht bekannt, wann *lailat al-qadr* anbricht. Die Muslime erwarten sie in den Nächten der letzten ungeraden Tage des Ramaḍân, meist am 27. Tag des Monats. Ihre Bedeutung betont der Korankommentar von Sayyid Quṭb: »In dieser Nacht wurde alles wichtige klargestellt, neue Werte und Standards wurden aufgestellt, die Geschicke von Völkern bestimmt, und bestehende Werte und Standards wurden neu betrachtet.« Quṭb warnt die Menschheit davor, die Bedeutung von *lailat al-qadr* zu missachten, denn in dieser Nacht erging die Gnade der göttlichen Offenbarung, welche »wahres Glück und Frieden« brachte. Er fährt fort: »Der Prophet hat uns einen leichten und freudebringenden Weg gezeigt, diese Nacht zu begehen, damit unsere Seelen immer in enger Verbindung mit ihr und dem universell wichtigen Ereignis, das in ihr stattfand, sind. Er wies uns an, diese Nacht jedes Jahr in Hingabe zu verbringen.«

Islamische Festtage

Weitere wichtige Tage des islamischen Kalenders markieren das Fest des Fastenbrechens (*ʿîd al-fiṭr*), mit dem der Ramaḍân endet, und das Opferfest (*ʿîd al-aḍḥâ*) am 10. Dhû l-ḥijja, welches einen Teil der *ḥajj*-Riten darstellt, aber nicht allein von den Pilgern in Mekka, sondern gleichzeitig auch von allen anderen Muslimen gefeiert wird. Das Fest des Fastenbrechens heißt auch »Zuckerfest«, da man an diesem Tag Kindern Süßigkeiten schenkt. Aber auch die Erwachsenen machen einander Geschenke, etwa neue Kleidung. Üblich sind auch Besuche bei Verwandten, Freunden und Bekannten und das gemeinsame Gebet in den großen Moscheen. Nach der Tradition erlegte der Prophet jedem Muslim die Pflicht auf, zu diesem Fest ein Almosen, *zakât-al-fiṭr*, zu geben – ein Brauch, der heute noch eingehalten wird.

Gebete und gegenseitige Besuche kennzeichnen auch das Opferfest. Sein wichtigstes Element ist die rituelle Schlachtung von Schafen. Jede Familie, die es sich leisten kann, soll ein Tier opfern, dessen Fleisch zum Teil an Arme verteilt wird. Bei Knappheit von Tieren, etwa nach Dürreperioden, kann ein religiöser Führer stellvertretend für die Gläubigen ein Opfer darbringen. In europäischen Ländern sind gelegentlich nicht genügend Schafe vorhanden, um den Bedarf zu decken. Außerdem erschweren Tierschutzgesetze die gebotene Schächtung der Tiere. Eine Möglichkeit für **Muslime in der Diaspora** →S.100 ihrer Opferpflicht dennoch nachzukommen, besteht darin, Verwandte oder islamische Hilfsorganisationen zu beauftragen, ein Opfertier zu schlachten.

Obwohl von manchen Muslimen als illegitime Neuerung abgelehnt, haben seit ihrer Einführung im 12. Jahrhundert die Feiern zum Geburtstag des Propheten (*maulid*) am 12. Tag des islamischen Monats Rabîᶜ al-awwal eine große Bedeutung erlangt. Heute ist dieser Tag in vielen islamischen Ländern offizieller Feiertag. Er soll mit Andachtsübungen verbracht werden, in deren Mittelpunkt Rezitationen von Gedichten über Muḥammad stehen. Ein besonders schönes Beispiel islamischer **Dichtung** →S.111 stammt von dem Türken Yûnus Emre (gestorben 1321), hier in der Übersetzung von Annemarie Schimmel:

Die ganze Welt versank in Licht,
als Muḥammad geboren ward.
Man sah kein schwarzes Angesicht,
als Muḥammad geboren ward.

Wie er aus seiner Mutter fiel,
da staunten all die Heiden viel,

und jede Kirche, die zerfiel,
als Muḥammad geboren ward.

Die schönen Ḥûrîs kamen an,
die Windeln ihm zu wickeln dann.
Sie beugten vor dem Kinde sich dann,
als Muḥammad geboren ward.

Das weinend Kind getröstet war,
erfreut' die Mutter, die's gebar,
und gläubig ward der Heiden Schar,
als Muḥammad geboren ward.

Die Kritik an den Geburtstagsfeiern entzündete sich daran, dass sie angeblich dem Propheten eine zu hohe, eine christusgleiche Stellung beimaßen, ihn also vergöttlichte. Jedoch verteidigen viele Gelehrte die Feste mit dem Hinweis darauf, dass sie die Frömmigkeit großer Gesellschaftsschichten stärken und insofern eine gute islamische Praxis darstellen.

Ähnliche Auseinandersetzungen betreffen die überall in der islamischen Welt stattfindenden lokalen Heiligenfeste wie das des Mystikers Aḥmad al-Badawî (gest. 1278) an seinem Grab in Tanta, Ägypten. Diese Feste sind Ausdruck der weit verbreiteten Verehrung von »Gottesfreunden« (*auliyâ'*, sing. *walî*). Lebend oder auch nach ihrem Tod besitzen sie – so glauben viele Muslime – eine besondere Segenskraft (*baraka*). Sie können Wunder (*karamât*) wirken und den Menschen bei persönlichen Problemen helfen. So hat sich neben den Heiligenfesten ein Grabeskult und Pilgerwesen entwickelt, welche gewisse Ähnlichkeiten zur katholischen Praxis aufweisen.

An den Tod des Prophetenenkels Ḥusain durch die Hand von Glaubensbrüdern, genauer gesagt durch die Armee des Umayyadenkalifen Yazîd ibn Muʿâwiya (gest. 683), erinnert das ʿÂshûrâ'-Fest am 10. Tag des islamischen Monats Muḥarram. Alle Muslime empfinden das Ereignis als große Katastrophe, aber nur die Schiiten veranstalten zum Gedenken daran Geißlerprozessionen, bei denen sich die Teilnehmenden blutende Wunden zufügen.

Konsens und Konflikt

Die politische Herrschaft

Die unterschiedliche Art, ʿÂshûrâ' zu begehen, stellt eine von mehreren Differenzen zwischen schiitischer Minderheit (derzeit 10–15 %) und sunnitischer Mehrheit der Muslime dar. Entstanden in Auseinandersetzungen über die Frage, wer dem Propheten als Führer der islamischen Gemeinschaft nachfolgen sollte, spielt die Spaltung eine nicht unwichtige Rolle in der islamischen Geschichte bis zum heutigen Tag.

Muḥammad galt seinen Gefährten nicht nur als Überbringer der göttlichen Offenbarung, sondern war auch geistiger sowie politisch-militärischer Führer und Imâm (Vorsteher beim Gebet) der muslimischen Gemeinschaft. Als seine Nachfolger (Kalifen, *khulafâ',* sing. *khalîfa*) in dieser zweiten Rolle wurden nacheinander gewählt: Abû Bakr (gest. 634), ʿUmar (gest. 644), ʿUthmân (gest. 656) und ʿAlî (gest. 661). Viele Muslime nennen sie »die rechtgeleiteten Kalifen«, da die Zeit ihrer Herrschaft bis heute als die ideale Phase islamischer Geschichte gilt.

Nach den »rechtgeleiteten Kalifen« übernahmen zwei arabische Kalifendynastien die Führung: die Umayyaden 661 bis 750 von Damaskus aus und die ʿAbbâsiden 750 bis 1258 mit ihrem Zentrum in Bagdad. Unter ihrer Herrschaft formte sich die Gesellschaft, die Kultur und die politische Ordnung der islamischen Gemeinschaft. Die Verwaltungen der eroberten Länder wurden zunächst beibehalten, so dass etwa in den ehemals byzantinischen Provinzen lange Zeit noch Griechisch als Amtssprache beibehalten und erst allmählich vom Arabischen abgelöst wurde. Teilweise als Übernahme der vorislamischen Traditionen entwickelte sich ein immer differenzierterer Herrschaftsapparat, in dem zahlreiche Schreiber (*kuttâb*) und Minister (*wuzarâ'*, sing. *wazîr*) die vielfältigen Aufgaben übernahmen, welche die Beherrschung des Reiches mit sich brachte.

Schon unter den »rechtgeleiteten Kalifen« hatte die große Expansion des islamischen Herrschaftsbereichs begonnen, die dann unter ihren Nachfolgern fortgeführt wurde. In kurzer Zeit besiegten die Stämme aus der arabischen Halbinsel zunächst das byzantinische Großreich und konnten seine Provinzen in Syrien und Nordafrika einnehmen. Im Jahre 711 setzten sie nach Spanien über, wo sie die westgotische Herrschaft zerschlugen. Ihr Vormarsch nach Mitteleuropa wurde erst 732 in der Nähe von Tours in Frankreich gestoppt, als fränkische und andere Einheiten unter Karl Martell einen muslimischen Expeditionstrupp besiegen konnten. Der Expansion nach Osten fiel zunächst das persische Sassanidenreich zum Opfer, welches von Muslimen gänzlich zerstört wurde. Bis nach Buchara und Samarkand stießen die Muslime in Zentralasien vor, während sie im Süden bis an den Indus gelangten. Ein einheitliches Herrschaftsgebiet besaß die islamische Gemeinschaft, die *umma*, aber nur bis zum 9. Jahrhundert. Bei der abbasidischen Machtübernahme waren zwar die meisten Angehörigen der Umayyaden-Familie getötet worden, einige aber entkamen, darunter ʿAbd ar-Raḥmân, der in Andalus 756 das Emirat von Cordoba errichten konnte. Sein Nachfahre ʿAbd ar-Raḥmân III (912–961) rief 929 in direkter Konkurrenz zur Bagdader Herrschaft ein Kalifat aus. Die spanische Umayyadenherrschaft sollte bis 1031 Bestand haben, als an ihre Stelle eine Reihe von kleinen Fürstentümern trat. Ende des 11. Jahrhunderts übernahmen die berberischen Almoraviden einen großen Teil Spaniens, nachdem sie bereits vorher im westlichen Nordafrika ein Reich errichtet hatten. Ein zweites Berberreich schufen die Almohaden (1130–1269) in Nord-

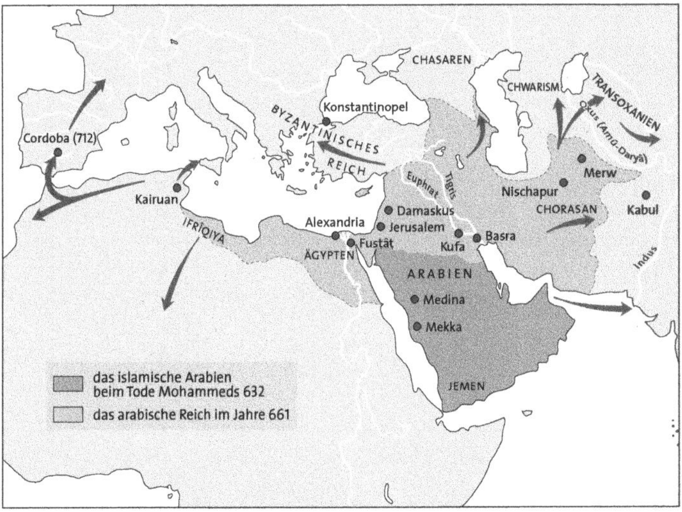

Islamische Expansion im 7. Jahrhundert

afrika und Spanien. Beide Dynastien gingen aus Reformbewegungen hervor, welche eine Erneuerung wahrer islamischer Ordnung proklamierten. Der Name Almoraviden ist die europäische Form des Arabischen »*al-Murâbiṭûn*« (»die in einem *ribâṭ*, einem der Verbreitung des Islam dienenden Wehrkonvent, leben«). Ebenso weist der Begriff »Almohaden«, von »*al-Muwaḥḥidûn*« (»die Bekenner der Einheit Gottes«), auf die religiös bestimmte Zielsetzung der Bewegung hin. Spanien geriet trotz zeitweise erfolgreichen Widerstands zunehmend unter christliche Herrschaft. Aber erst 1492 erlosch dort mit den Naṣriden von Granada die letzte regierende muslimische Dynastie.

Im ʿabbâsidischen Kalifat konnten sich verschiedene Dynastien von Lokalherrschern (Sultane, von arab. *sulṭân* = Machthaber) die Kontrolle über Teile des Reiches, manche auch über den Kalifen selber aneignen. Zu den wichtigsten zählen die Seldschuken (1038–1194)

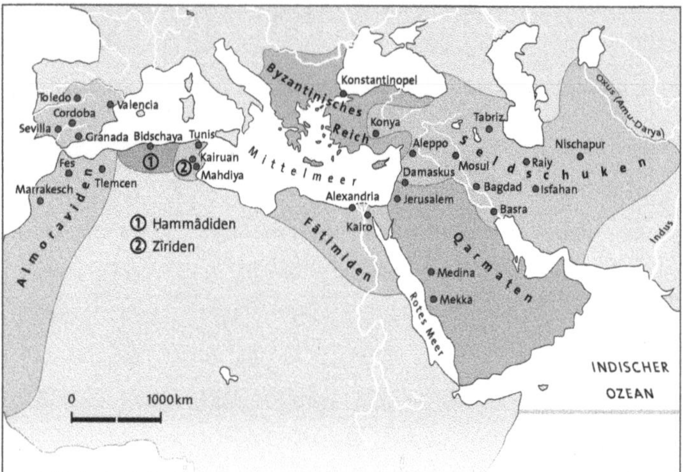
Toledo
Valencia
Cordoba
Sevilla
Granada
Bidschaya
Tunis
Kairuan
Mahdiya
Fes
Tlemcen
Marrakesch
Almoraviden
① Hammâdiden
② Zîriden
Byzantinisches Reich
Konstantinopel
Konya
Mittelmeer
Alexandria
Kairo
Fâṭimiden
Aleppo
Damaskus
Jerusalem
Mosul
Tabriz
Seldschuken
Raiy
Nischapur
Bagdad
Isfahan
Basra
Qarmaten
Medina
Mekka
Rotes Meer
Oxus (Amu-Darya)
Indus
INDISCHER OZEAN
0
1000km

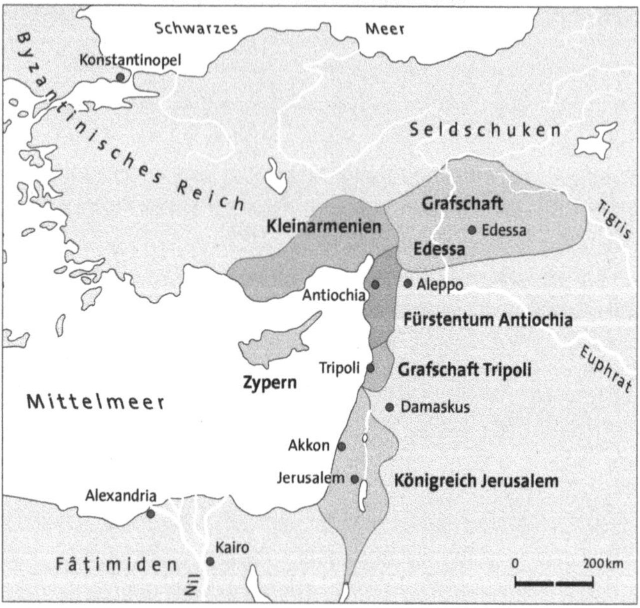
Schwarzes
Meer
Byzantinisches Reich
Konstantinopel
Seldschuken
Grafschaft
Edessa
Edessa
Kleinarmenien
Tigris
Antiochia
Aleppo
Fürstentum Antiochia
Zypern
Tripoli
Grafschaft Tripoli
Euphrat
Mittelmeer
Damaskus
Akkon
Jerusalem
Königreich Jerusalem
Alexandria
Kairo
Fâṭimiden
Nil
0
200km

und die Ayyûbiden (1169–1260) im Vorderen Orient sowie die Aghlabiden (800–909) in der Region des heutigen Tunesien.

Die Mehrheit der Muslime, »die Leute der *sunna* und der *jamâ'a* (Gemeinschaft)«, kurz Sunniten, zeigten sich mit den genannten Kalifen bzw. den Sultanen weitgehend einverstanden und entwickelten politische Theorien, welche die Autorität der Herrscher stützten. Den frühen sunnitischen Juristen galt als einzig legitime Staatsform das Kalifat, die Nachfolge des Propheten als religiöser und politischer Führer der *umma*. Nicht etwa als Theokraten mit unbeschränkter Macht wurden die Kalifen angesehen, sondern als Wahrer der göttlichen Gebote (*sharî'a*) und Verteidiger der muslimischen Gemeinschaft. Verschiedene Bedingungen waren an die Übernahme des Amtes geknüpft. Darunter die, dass der Kalif ein Angehöriger des arabischen Stammes des Quraish sein musste – des Stammes, dem auch der Prophet angehört hatte. Demnach konnten nur Araber Kalifen werden. Als die politische Macht im 'abbâsidischen Kalifat auf eine Reihe von Sultanen überging, mussten neue Konzepte entwickelt werden. Die neuen Machthaber stammten zum großen Teil aus nichtarabischen muslimischen Gruppen, im Osten vorwiegend Türken und Perser, im Westen Berber. Sie erfüllten zwar nicht die Bedingungen für das Kalifat, es ging den politischen Denkern aber darum, die Legitimität der bestehenden politischen Ordnung dennoch zu sichern. Es hieß nunmehr, dass der Kalif seine politische und militärische Macht delegieren kann, während er weiterhin geistiges Oberhaupt der Gemeinschaft bleibt. Religiöse und politische Herrschaft wurden damit de facto getrennt – ein Prinzip, das bis in die Gegenwart bestehen bleiben sollte. Eine Minderheit von Muslimen der Frühzeit wandte sich strikt gegen die dynastische Herrschaft, die sich nach der Zeit der »rechtgeleiteten Kalifen« durchgesetzt hatte. Man nannte sie Khârijiten (»die hinausgehen«). Ihrer Lehre nach

Der Vordere Orient und der Maghreb gegen Ende des 11. Jahrhunderts durfte die Herkunft keine Rolle bei der Übernahme des Kalifats spielen. Vielmehr sollte die Gemeinschaft den besten und frömmsten Muslim dazu bestimmen. Ein regierender Kalif konnte auch gestürzt werden, wenn er gegen seine Pflichten zur Achtung der islamischen Ordnung verstieß. Unter den vielen khârijitischen Gruppen vertraten einige die Auffassung, dass auch der Herrschermord erlaubt sei, und betrachteten überhaupt alle sündigen Muslime als Apostaten, die zu töten seien. Derartige radikale Auffassungen konnten in den kharijitischen Herrschaftsgebieten, etwa in Teilen Algeriens und entlegenen Regionen der arabischen Halbinsel aber nicht konsequent angewandt werden. Die einzige bis heute noch existierende kharijitische Richtung, die nach ʿAbd Allâh ibn Ibâḍ benannte Ibâḍiyya in Oman, Ost-Afrika, Libyen, Tunesien und Algerien, arrangierte sich dann weitgehend mit ihrer andersgläubigen Umgebung.

Eine weitere Gruppe von Muslimen hielt unter den ersten vier Kalifen allein ʿAlî für legitim, denn der Prophet habe ihn vor allen seinen anderen Gefährten aufgrund seiner Frömmigkeit und seiner intellektuellen Qualitäten bevorzugt, ihm sogar Immunität gegen Irrtum und Sünde zugeschrieben. Im Jahre 632 soll ʿAlî darüber hinaus von Muḥammad ausdrücklich zu seinem Nachfolger ernannt worden sein, was die Sunniten ihrerseits bestreiten. Die Schiiten (von arab. *shîʿat ʿAlî*, die Partei ʿAlîs) erklären weiter, dass allein ʿAlîs Nachkommen aus seiner Ehe mit der Prophetentochter Fâṭima (gest. 632) legitime Kalifen und Imâme seien. Allerdings konnten diese nie die Herrschaft antreten. Die frühe Geschichte der Schia ist vielmehr weitgehend durch oft heftige Verfolgung von Seiten der sunnitischen Herrscher gekennzeichnet. ʿAlîs erster Sohn Ḥasan (gest. 670 oder 678), nach schiitischer Auffassung rechtmäßiger Nachfolger und zweiter Imâm, trat seine Ansprüche 661 an den Umayyadenkalifen Muʿâwiya (gest. 680) ab. Der jüngere Ḥusain wandte sich gegen die Umayyaden, wurde aber im Jahre 680, am ʿÂshûrâ'-Tag, in einem Gefecht bei Kerbela im Irak getötet. Die folgenden Nachkommen

ʿAlîs traten kaum offen in Erscheinung, bis ihre Reihe mit dem zwölften Imâm endete – so lautet die Auffassung der größten schiitischen Gruppe, der »Zwölferschia«.

Die Zwölferschiiten sind überzeugt, dass Muḥammad al-Qâ'im, der zwölfte Imâm, im Jahre 874 entrückt und nicht gestorben ist. Nach ihrer Vorstellung existiert er im Verborgenen, bis er irgendwann als Messias (*mahdî*) wiederkehren wird. Bis dahin vertreten die Gelehrten seine Stelle als Leiter der Gemeinschaft. Die politische Herrschaft mussten sie lange Zeit den verhassten sunnitischen Kalifen und Sultanen überlassen; oft waren die Schiiten sogar gezwungen, ihre Überzeugungen geheim zu halten und sich als Sunniten auszugeben. Legitimiert wurde dies durch die »Lehre des Verbergens«, welche den Fortbestand der schiitischen Gemeinschaft sichern sollte. Allerdings herrschte mit den Buyîden (945–1055) in Bagdad zeitweise auch ein schiitisches Sultanat, das der Zwölferschia eine erste Konsolidierung ermöglichte. Im Iran wurde sie zur Staatsreligion unter der Dynastie der Ṣafawiden (1502–1722) und überdauerte auch unter den Qâjâren (1794–1925) sowie der darauf folgenden radikal säkular eingestellten Pehlewî-Herrschaft (1925–79). Große zwölferschiitische Gruppen leben heute auch im Irak und im Libanon.

Daneben existieren zahlreiche weitere, durch Konflikte um die Imâmatsfolge und dogmatische Differenzen hervorgegangene schiitische Richtungen. Die Ismâʿîliten oder Siebenerschiiten glauben, dass der legitime Nachfolger des 6. Imâms Jaʿfar (gest. 765) nicht sein Sohn Mûsâ (gest. 799), wie es die Zwölferschiiten behaupten, sondern dessen Bruder Ismâʿîl (gest. 755) war. Einige Ismâʿîliten erklären, dass Ismâʿîl der »verborgene Imâm« und erwartete *mahdî* sei, mit ihm also die Imâmatsfolge endete, andere sind überzeugt, dass sein Sohn Muḥammad sie weiterführte. Auf die Abstammung von Muḥammad beriefen sich unter anderem die Fâṭimiden, denen es gelang, in Ägypten von 969 bis 1171 ein Kalifat zu behaupten, die Nizâ-

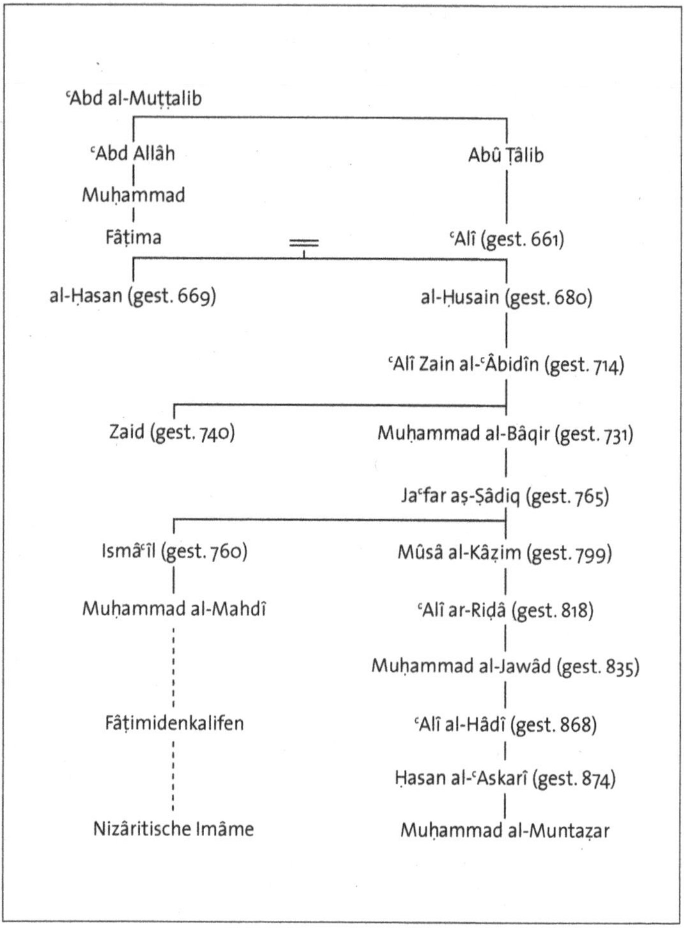

Die schiitischen Imâme

riten mit ihren als Âghâ Khân betitelten Führern sowie die in der Türkei verbreiteten Aleviten und die Drusen im Libanon, Syrien und Israel.

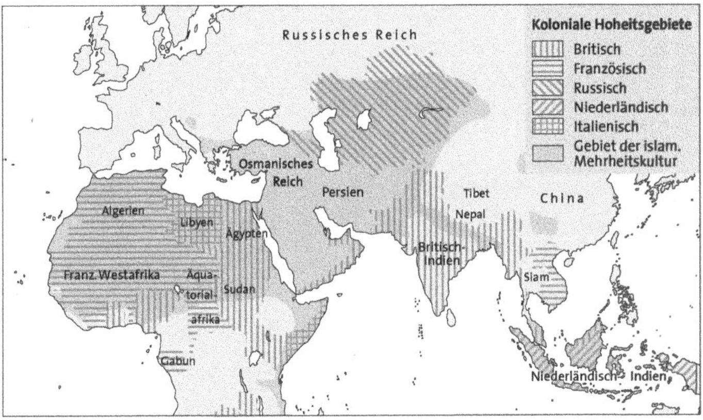

Die islamische Welt um 1914

Eine weitere schiitische Richtung, die Zaiditen, nach dem Sohn des vierten Imâms, Zaid ibn ʿAlî (gest. 740), benannt, etablierte vom 9. Jahrhundert an mit Unterbrechungen bis zur Ausrufung der Republik im Jahre 1962 eine Imâmatsherrschaft im Jemen, wo auch die Mehrheit der Zaiditen heute lebt.

Das sunnitische ʿabbâsidische Kalifat ging durch die mongolische Eroberung Bagdads im Jahre 1258 unter, wenn auch noch weitgehend unbedeutende Nachkommen von den in Ägypten und Syrien herrschenden Mamlûken (1250–1517) ausgehalten wurden, ehemaligen Militärsklaven, welchen ihre Rolle als »Schützer des Kalifats« zur Legitimierung ihrer Herrschaft diente. Daneben nahmen noch andere Herrscher den Kalifentitel an, etwa die Osmanen (1299–1924) und die indischen Moguln (1526–1858). Beides waren turkstämmige Herrscherhäuser, also keine Araber. Die Grundlage ihrer Ansprüche bildete die Auffassung, alle Herrscher, die für den Islam einträten, seien Kalifen.

Das Verbreitungsgebiet des Islam nahm auch nach den frühen Eroberungen weiter zu. Von den zentralasiatischen Provinzen des ʿAbbâsiden-Reiches ausgehend erfolgte die Ausdehnung nach China und Zentralindien ab dem 11. Jahrhundert, nach Südostasien ab dem 13. Jahrhundert, während Afrika südlich der Sahara schon seit dem 7. Jahrhundert im Zuge von Handelskontakten sowie durch reisende Muslime, meist Mystiker, islamisiert wurde.

Das Osmanische Reich eroberte im 14. Jahrhundert zunächst Teile des Balkans, dann 1453 die byzantinische Hauptstadt Konstantinopel, bis seine Truppen schließlich 1529 vor den Toren Wiens auftauchten. Gleichzeitig verfiel die Herrschaft der Naṣriden (1230–1492), der letzten islamischen Dynastie in Spanien, die mit der Einnahme Granadas durch Kastilien-Aragon endgültig gestürzt wurde. Das 16. Jahrhundert war geprägt von heftigen und langwierigen Auseinandersetzungen zwischen dem spanisch-österreichischen Habsburgerreich auf der einen und den Osmanen auf der anderen Seite. Nach einem gewissen militärischen Gleichstand gerieten die Osmanen im 17. Jahrhundert in die Defensive, ihr Reich erlosch mit der Niederlage im Ersten Weltkrieg und der Gründung der türkischen Republik 1923 durch Mustafa Kemal (1881–1938), genannt Atatürk (Vater der Türken).

Bereits in das 16. Jahrhundert fällt der Beginn europäischer kolonialer Landnahme in Asien. Nachdem die Portugiesen einen Seeweg in den Indischen Ozean gefunden hatten (1498), besetzten sie dort einige Handelsposten. 1602 gründete sich die Niederländische Vereinigte Ostindien-Kompanie mit Hauptsitz in Batavia (ab 1950 Jakarta, Indonesien) und dehnte ihre Herrschaft über große Teile Südostasiens aus. 1757 eroberte zunächst die Britische Ostindien-Kompanie Bengalen (Schlacht von Plassey bei Kalkutta), bevor dann nach dem Ende des Mogulreiches 1858 Indien zur britischen Kolonie erklärt wurde. In den folgenden Jahrzehnten gerieten so gut wie alle islamischen Länder unter koloniale Herrschaft. In den 50er und 60er Jahren des letzten Jahrhunderts wurden die meisten von ihnen unabhängig; im Sultanat Brunei, Nordborneo, endete die britische Protektoratsherrschaft aber erst 1984.

Der »Vater der Türken«, Mustafa Kemal (1881–1938), präsidiert in überlebensgroßer Gestalt eine Militärparade.

Große Umwälzungen waren bis dahin in der islamischen Welt eingetreten: Sultanate und monarchische Herrschaft sind zwar bis heute anzutreffen, etliche Länder konstituierten sich aber als Republiken. Deren Legitimationsgrundlage besteht vor allem in der Idee der durch gemeinsames Siedlungsgebiet, gemeinsame Sprache und Abstammung definierten Nation.

Im Nationalismus erhielt sprachliche Partikularität eine neuartige politische Bedeutung. Den Muslimen gilt zwar das Arabische als Sprache des Koran als heilig, aber nur eine Minderheit beherrscht es. Große Sprachgruppen der islamischen Welt bilden die iranischen und türkischen Sprachen, die bedeutende Literaturen hervorgebracht haben. Wichtig sind weiterhin Hausa (Westafrika), Suaheli (Ostafrika), Urdu (Pakistan) und Bengalisch (Bangladesh). Die Kolonialzeit führte dazu, dass Englisch und Französisch in vielen Ländern den Status einer offiziellen Sprache besitzen.

Die Frage der Herkunft wurde bereits kurz nach der ersten Expansionswelle im 7. Jahrhundert, als viele Bewohner der eroberten Länder zum Islam konvertierten, zu einem umstrittenen Thema unter den Muslimen. Zeitweise entwickelte sich eine heftige Diskussion darüber, ob die Araber als die Ersten, die den Islam annahmen, und als Sprecher der Sprache des Koran einen Vorrang in der *umma* geltend machen können. Zwar führte man dagegen oft an: »Wahrlich, vor Allâh ist von euch der Angesehenste, welcher der Gottesfürchtigste ist« (49:13), aber das Bewusstsein der besonderen Herkunft bestimmt auch in der Gegenwart in vielen Fällen das soziale und politische Handeln von Muslimen. Im Iran stellte sich Muhammad Reza Schah (regierte 1941–1979) mit der 2500-Jahr-Feier des persischen Reiches 1975 in die altpersische, d.h. vor- und außerislamische Herrschaftstradition seines Landes, und viele Iraner hegen eine mehr oder weniger ausgeprägte Feindschaft gegen Araber.

Im Rahmen der Nationalbewegungen spielte die religiöse Zugehörigkeit eine recht geringe Rolle. Prominente Vertreter des arabischen

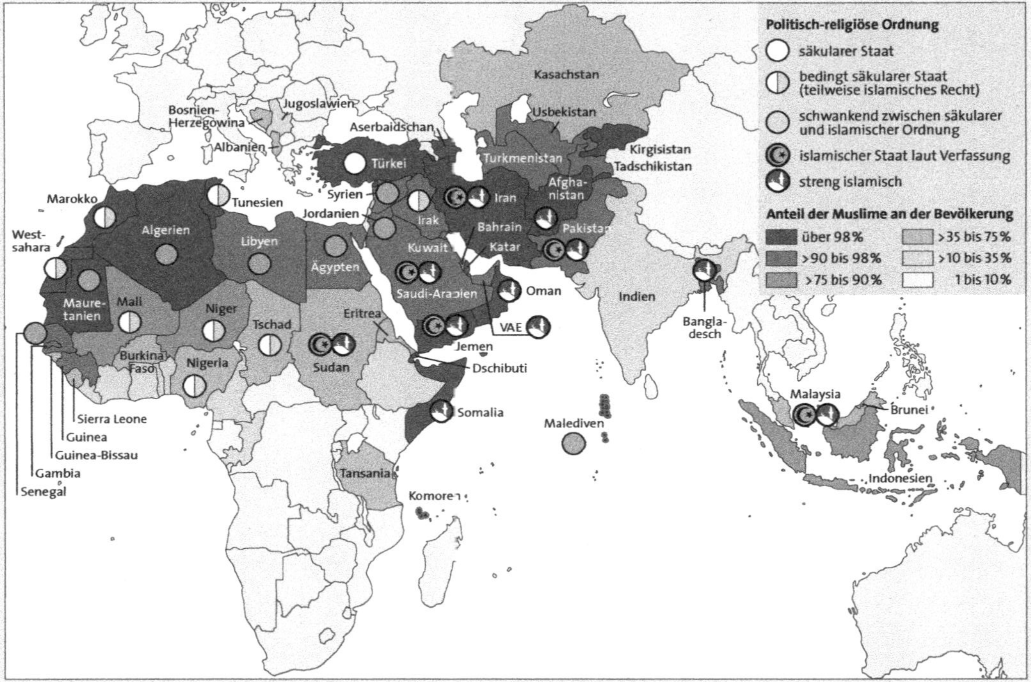

Die gegenwärtige islamische Staatenwelt

Nationalismus im syrisch-libanesischen Raum waren Christen, die nicht allein auf eine Befreiung von Fremdherrschaft, sondern auch auf ihre soziale und politische Gleichstellung mit den Muslimen hofften.

Der Nationalismus, der sich so gut wie überall in der islamischen Welt durchsetzte, erwies sich nach der Entkolonisierung als ein Mittel zur inneren Stabilisierung der neuen Staaten. Führende Nationalisten wie der Ägypter Jamâl ʿAbd an-Nâṣir (Nasser, regierte 1952–70) oder der Tunesier Ḥabîb Bourgiba (regierte 1956–87) wurden als Helden verehrt und mit einem teilweise extremen Führerkult umgeben. Auch der türkische Nationalismus ist eng mit einem Kult um den Staatsgründer Atatürk verbunden.

Zwar konnten Oppositionelle als »Feinde der Nation« oder »neokoloniale Agenten« unterdrückt werden, als ein Problem der nationalistischen Staaten erwies sich jedoch, dass sie kaum in der Lage waren, ihren Gesellschaften die erhofften ökonomischen und sozialen Vorteile zu verschaffen und sie auf ein dem Westen vergleichba-
→S. 89 res Entwicklungsniveau zu heben (**Wirtschaft**). Die arabischen Nationalisten scheiterten überdies bei der Verteidigung Palästinas gegen die zionistische Übernahme. Sie konnten weder die Gründung des Staates Israel 1948 verhindern, noch waren sie seiner Stärke in den folgenden Kriegen gewachsen, ja 1967 musste Ägypten, die damalige Führungsmacht des arabischen Nationalismus, im »Juni-Krieg« eine katastrophale Niederlage hinnehmen.

Dieses Datum stellt einen historischen Wendepunkt dar, da sich in der Folge der schon länger bestehende islamische Aktivismus in Ägypten, aber auch in anderen Ländern, zunehmend radikalisierte und immer lautere Forderungen nach gesellschaftlicher und politischer Re-Islamisierung erhob. Mit dem Schlagwort »*dîn wa-daula*« (Religion und Staat) traten die Aktivisten zum Kampf gegen die Dominanz des weitgehend säkularisierten Nationalstaats in der islamischen Welt an. Vielfach blieben sie in der Oppositionsrolle, einige konnten aber Erfolge verbuchen.

1979 konnten die schiitischen Gelehrten des Iran mit der »Islamischen Republik« eine der wichtigsten islamisch-politischen Ordnungen der Gegenwart errichten. Legitimiert wird sie durch die Idee, dass bis zur Rückkehr des »verborgenen Imâms« als Messias den Gelehrten die Führung der Gemeinschaft obliegt. Als »Islamische Republik« bezeichnen sich auch die sunnitischen Länder Mauretanien und seit 1956 Pakistan, während die Ṭâlibân ihren Staat in Afghanistan ein Emirat nannten. An der Spitze stand Mullâh ʿUmar, der von seinen Anhängern *amîr al-mu'minîn* (der Führer der Gläubigen) genannt wurde – der Titel der frühen arabischen Kalifen.

Etwa gleichzeitig trat in Deutschland eine Organisation hervor, die sich »Kalifatsstaat« nannte. 1994 gegründet von Cemaleddin Kaplan, ehemals Mufti von Adana/Türkei, ging die Führung am 15. Mai 1995, dem Todestag Cemaleddins, an seinen Sohn Metin über. Das Programm der Gruppe bestand unter anderem in der Abschaffung der türkischen Republik und der Etablierung eines islamischen Kalifats mit der Hauptstadt Istanbul. Ideologisch unterschieden sich die Kaplananhänger nicht wesentlich von anderen **islamischen Aktivisten**, eigentümlich war ihnen aber die sektenartige Selbstisolierung sowohl von der nichtmuslimischen deutschen Gesellschaft als auch von anderen Muslimen. Aufgrund ihrer politischen Ausrichtung, einiger im Umkreis des »Kalifatsstaates« begangener Verbrechen und infolge der Terroranschläge des Septembers 2001 wurde die Organisation noch im selben Jahr verboten. → S. 71

Der kurzlebige »Kalifatsstaat« zu Köln stellte eine der radikalsten Ausprägungen des politischen Islam dar. Gemeinsam mit anderen aber vertrat er die Idee, dass nicht eine Person, Kalif respektive Emir, oder das Volk herrschen solle, sondern Gott und das durch die Offenbarung erlassene Gesetz der *sharîʿa*. So steht im Artikel 4 der Verfassung des Sudan von 1998: »Die oberste Stelle im Staat kommt Gott zu, dem Schöpfer der Menschen; die Souveränität hat als Statthalter das Volk des Sudan, welches diese ausübt als Verehrung Gottes...«

Allerdings weisen politische Institutionen der islamischen Republiken große Ähnlichkeiten zu denen westlicher Staaten auf, so auch im Iran. Zwar liegt dort die Staatsführung in den Händen der Gelehrten, aber es gibt auch allgemeine Wahlen und ein Parlament, und die Politik folgt oft eher pragmatischen Erwägungen als religiösen Normen. Dazu kommt, dass die iranische Gesellschaft derzeit zum großen Teil nicht mehr bereit ist, die Herrschaft der Gelehrten zu unterstützen, wie sich in mehreren Wahlen zeigte, die reformorientierte Persönlichkeiten gewannen.

Es stellt sich die Frage, ob angesichts solcher Rückschläge des politischen Islam schon seit langem in der islamischen Welt erhobene Forderungen nach freiheitlichen und pluralistischen Rechtsstaaten mehr Erfolg als bisher haben könnten. Demokratisch gesinnte Muslime weisen oft darauf hin, dass die islamischen Traditionen durchaus Ansätze solcher politischer Ordnungen bieten. Seit der Zeit der »rechtgeleiteten Kalifen« besteht die Institution der *baiʿa*: Hervorragende Vertreter der Gesellschaft bekunden damit dem Herrscher ihre Loyalität, während dieser sich andererseits dazu verpflichtet, das islamische Recht zu schützen. Sehen viele Muslime darin ein Gegenstück zum westlichen Konzept der Verfassung, so gilt ihnen die im Koran (42: 36–38) erwähnte *shûrâ* (Ratschlag, Ratsversammlung) als Basis einer islamischen Demokratie.

Einige Länder besitzen Gremien, die *majlis ash-shûrâ* (konsultative Versammlung) genannt werden. Andere verwenden den Begriff des »Parlaments«, wie auch insgesamt viele politische Denker eine offene Adaption westlicher Vorbilder betreiben, indem sie sich mehr der Sprache der Französischen Revolution als der des Koran bedienen. Im 20. Jahrhundert entstanden Verfassungsstaaten mit demokratischen Strukturen, der Libanon zum Beispiel oder – in eingeschränktem Maße – auch die Türkei. Viele islamische Gesellschaften leiden aber unter der Herrschaft von mehr oder weniger autokratisch regierenden Diktaturen, Militärregimes oder Monarchien.

Seit dem 19. Jahrhundert unternahmen Muslime Anstrengungen, einen islamischen Internationalismus zu entwickeln. Eine frühe Form, der Panislamismus, gründete weitgehend auf machtpolitischen Strategien des osmanischen Sultans Abdülhamid II. (regierte 1876–1909), der dem Zerfall seines Reiches entgegenwirken wollte. Gleichzeitig bemühten sich Gelehrte und andere Muslime um eine Einigung der *umma* jenseits partikularer politischer Interessen, ohne allerdings staatlichem Einfluss gänzlich entkommen zu können. 1962 wurde in Mekka die »Liga der islamischen Welt« gegründet. Nicht nur weil Mekka den Mittelpunkt in der religiösen Geographie der *umma* darstellt, bot sich dieser Ort an, sondern auch wegen der wirtschaftlichen Stärke des Ölstaates Saudi-Arabien. Obwohl das Führungsgremium aus Gelehrten verschiedener islamischer Länder gebildet wird, ist die Organisation von saudischen Interessen dominiert. Die Aufgaben der Liga sind weitgespannt: Sie reichen von der Verbreitung der Lehren des Islam, über die Unterstützung von Moscheen und Stiftungen in aller Welt bis hin zur karitativen Tätigkeit in krisengeschüttelten islamischen Ländern wie dem Kosovo oder Tschetschenien.

Weder die Liga noch andere islamische Organisationen können für sich beanspruchen, für alle Muslime zu sprechen. Es existiert keine etwa dem Papst vergleichbare Autorität und keine Organisation wie die katholische Kirche, welche verbindliche dogmatische und juristische Aussagen treffen und eine Art von Orthodoxie darstellen könnte. Das bedeutet, dass islamische Gelehrte zunächst einmal nur für sich selbst sprechen. Allerdings entwickelten sich als Ergebnis zahlreicher gelehrter Debatten einige Tendenzen, die auf dem Konsens zumindest einer gewissen Zahl von Muslimen beruhen.

Der Kampf um das Dogma

Die großen dogmatischen Debatten in der islamischen Welt wurden vor allem in der Epoche der ersten Konsolidierung vom 7. bis etwa zum 13. Jahrhundert geführt. Dabei bildete sich ein weites Spektrum an Positionen heraus, das von einem extremen Rationalismus bis zu einem extremen Skriptualismus reicht.

Zum Rationalismus gehören die Vertreter der islamischen Philosophie, arabisch *falsafa*, ein Wort, das sich aus dem griechischen »Philosophie« herleitet. Nach der Eroberung des östlichen Mittelmeerraumes im 7. Jahrhundert traten die Intellektuellen des islamischen Reiches das Erbe der spätantiken Kultur an, die im ägyptischen Alexandria, aber auch in verschiedenen Städten Syriens und dem Iran gepflegt wurde. Oft waren es die dort lebenden Christen, welche die
→S. 84 antiken Texte ins Arabische übersetzten (**Traditionen des Bildungswesens**). Ihre Tätigkeit förderten mehrere Kalifen, wobei besonders die ʿAbbâsiden Hârûn ar-Rashîd (gest. 809) und al-Ma'mûn (gest. 833) hervorragten.

Ein wichtiges Zentrum der Übersetzung stellte das *Bait al-ḥikma* (Haus der Weisheit) in Bagdad dar, das zahlreiche Intellektuelle anzog. Neben naturwissenschaftlichen Werken machten die Übersetzer dabei auch die antike Philosophie für die Gelehrten verfügbar. Durch die Lektüre angeregt, entwickelte sich nicht nur eine reiche Kommentarliteratur, muslimische Philosophen wie al-Kindî (gest. ca. 870), al-Fârâbî (gest. 942), Ibn Sînâ (lat. Avicenna, gest. 1037) und Ibn Rushd (lat. Averroes, gest. 1198) bildeten die antiken Ideen auch zu eigenen philosophischen Lehren fort. Averroes erschloss mit seinen Kommentaren zum ersten Mal die Gesamtheit der Aristotelischen Werke.

Bei allen Differenzen ist den islamischen Philosophen gemeinsam, dass sie die Fragen, welche sich bei der Interpretation der koranischen Offenbarung stellten, auf der Grundlage antiker Ideen und unter Verwendung antiker Terminologie rational durchdenken wollten. Ibn Rushd beschrieb dies in seiner Theorie des Intellekts, die zwei Arten von Interpretationen des Offenbarungstextes unterscheidet: Erstens die, welche sich auf die Oberfläche des Textes, seinen Wort-

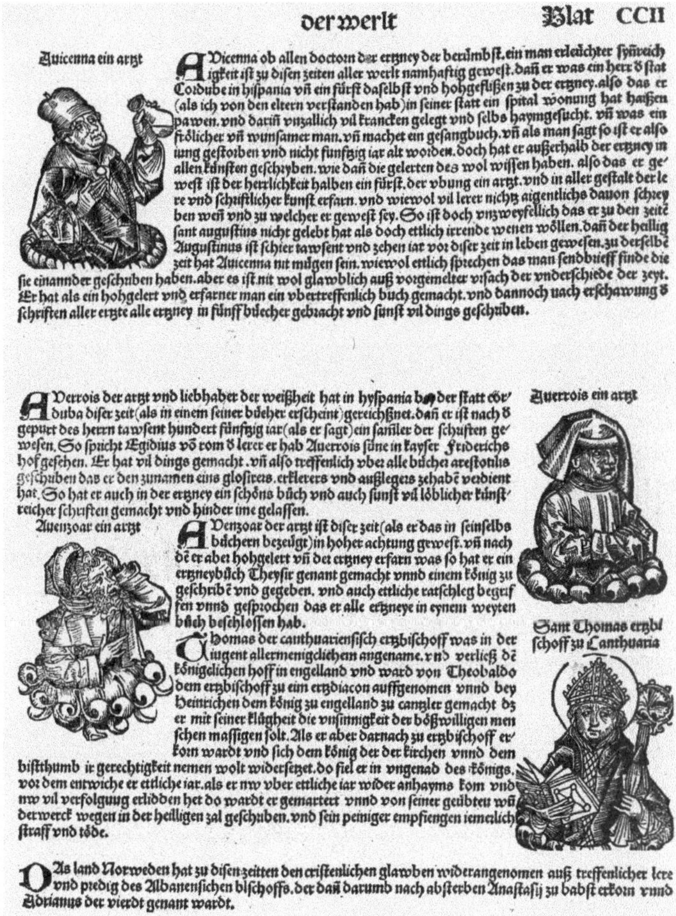

der werlt — Blat CCII

Avicenna ein artzt

AVicenna ob allen doctorn der ertzney der berümbst. ein man erleüchter synnreichigkeit ist zu disen zeiten aller werlt namhaftig gewest. dann er was ein herr der stat Cordube in hyspania vnd ein fürst daselbst vnd hohgeflißen zu der ertzney. also das er (als ich von den eltern verstanden hab) in seiner statt ein spital wonung hat haißen pawen. vnd darin vnzallich vil krancken gelegt vnd selbs haymgesucht. vnd was ein frölicher vnd wunsamer man. vnd machet ein gesangbuch. vnd als man sagt so ist er also iung gestorben vnd nicht fünfzig iar alt worden. doch hat er außerhalb der ertzney in allen künsten geschriben. wie dann die gelerten des wol wissen haben. also das er gewest ist der herrlichkeit halben ein fürst. der vbung ein artzt. vnd in aller gestalt der lere vnd schriftlicher kunst erfarn. vnd wiewol vil lerer nichtz aigentlichs dauon schreyben wenn vnd zu welcher er gewest sey. So ist doch vnzweyfellich das er zu den zeiten sant augustins nicht gelebt hat als doch etlich irrende wenen wöllen. dann der heilig Augustinus ist schier tawsent vnd zehen iar vor diser zeit in leben gewesen. zu derselben zeit hat Avicenna nit mügen sein. wiewol etlich sprechen das man sendbrieff finde die sie einannder geschriben haben. aber es ist nit wol glawblich auß vorgemelter vrsach der vnderschiede der zeyt. Er hat als ein hohgelert vnd erfarner man ein vbertreffenlich buch gemacht. vnd dannoch nach erschawung der schriften aller ertzte alle ertzney in fünff büecher gebracht vnd sunst vil dings geschriben.

Averrois ein artzt

AVerrois der artzt vnd liebhaber der weißheit hat in hyspania bey der statt Corduba diser zeit (als in einem seiner büecher erscheint) gereichsnet. dann er ist nach der gepurt des herrn tawsent hundert fünfzig iar (als er sagt) ein famiiler der schriften gewesen. So spricht Egidius von rom der lerer er hab Averrois süne in kayser Fridrichs hof gesehen. Er hat vil dings gemacht. vnd also treffenlich vber alle bücher aristotilis geschriben das er den zunamen eins glosirers. erklerers vnd außlegers zehaben verdient hat. So hat er auch in der ertzney ein schöns büch vnd auch sunst vil löblicher kunstreicher schriften gemacht vnd hinder ime gelassen.

Avenzoar ein artzt

AVenzoar der artzt ist diser zeit (als er das in seinselbs büchern bezeügt) in hoher achtung gewest. vnd nach dem er aber hohgelert vnd der ertzney erfarn was so hat er ein ertzneybüch Theysir genant gemacht vnnd einem könig zu geschriben vnd gegeben. vnd auch etliche ratschleg begriffen vnnd gesprochen das er alle ertzneye in eynem weyten büch beschlossen hab.

Sant Thomas ertzbischoff zu Canthuaria

THomas der canthuariensisch ertzbischoff was in der iugent allermenigclichem angename. vnd verließ den königlichen hoff in engelland vnd ward von Theobaldo dem ertzbischoff zu eim ertzdiacon auffgenomen vnnd bey Heinrichen dem könig zu engelland zu cantzler gemacht das er mit seiner klügheit die vnsinnigkeit der boßwilligen menschen massigen solt. Als er aber darnach zu ertzbischoff erkorn wardt vnd sich dem könig der der kirchen vnnd dem bisthumb ir gerechtigkeit nemen wolt widersetzet. do fiel er in vngenad des königs. vor dem entwiche er etliche iar. als er nw vber etliche iar wider anhayms kom vnd nw vil verfolgung erlidden het do wardt er gemartert vnnd von seiner geübten wunderwerck wegen in der heiligen zal geschriben. vnd sein peiniger empfiengen iemerlich straff vnd töde.

DAs land Norweden hat zu disen zeitten den cristenlichen glawben widerangenomen auß treffenlicher lere vnd predig des Albanensischen bischoffs. der dann darumb nach absterben Anastasij zu babst erkorn vnnd Adrianus der vierdt genant wardt.

Avicenna und Averroes im »Buch der Chroniken« von H. Schedel (1493)

laut richtet, zweitens die tiefere Durchdringung mit den Mitteln der philosophischen Ratio. Beide Erkenntnisweisen widersprechen sich nicht, so Ibn Rushd, sondern ergänzen einander.

Extreme Philosophen neigten dazu, allein die Ratio als Erkenntnismittel anzuerkennen, während andererseits extreme Skriptualisten wie der berühmte Gelehrte Aḥmad ibn Ḥanbal (gest. 855) behaupteten, dass allein der Wortlaut des Koran – in Verbindung mit dem *ḥadîth* – den Maßstab für muslimisches Denken und Handeln bilde und Unklarheiten im Text »ohne wenn und aber« (*bi-lâ kaif*) gläubig zu akzeptieren seien.

Eine Mittelposition nahmen die Vertreter des *kalâm* (Rede), die spekulativen Theologen, ein. Sie besaßen philosophische Kenntnisse, ihre Gedanken kreisten aber mehr um die islamischen Texte als um die Lehren des Aristoteles und anderer antiker Philosophen. Die ersten Theologen rechnet man der rationalistischen Schule der Muʿtazila zu, die im 9. Jahrhundert praktisch die offizielle Lehre des ʿAbbâsidenstaates vertrat. Eher zum Skriptualismus neigte hingegen die ashʿaritische Schule (nach ihrem Gründer al-Ashʿarî, gest. 935), welche sich in der Folge im sunnitischen Islam weitgehend durchsetzte. Die Muʿtaziliten gelten vielen Sunniten heute ebenso wie die Philosophen als Ketzer. Manche ihrer Lehren werden aber noch von schiitischen Theologen vertreten.

Eines der zentralen dogmatischen Probleme lautet: Kann der Mensch aufgrund seiner Erkenntnisfähigkeit selber entscheiden, was gut und böse ist, oder ist er dazu auf die Offenbarung angewiesen? Die Rationalisten erklärten, dass die menschliche Ratio Gut und Böse erkennen kann. Wenn der Mensch durch seine eigene Überlegung zu den gleichen Ergebnissen komme wie der Koran, so deshalb, weil Gott gerecht sei und nichts fordere, das der Vernunft widerspricht. Die Skriptualisten sagten, dass Gott in seiner Allmacht alles gebieten oder verbieten könne; allein der Text der Offenbarung sei Quelle der islamischen Ethik.

Einen großen Streitpunkt unter Theologen bildete das Thema der göttlichen Attribute. Der Koran spricht davon, dass Gott auf einem Thron sitzt (20:5) und ein Gesicht (55:27) hat, schreibt ihm also anscheinend menschliche Eigenschaften zu. Nach Auffassung der Rationalisten waren diese Verse allegorisch auszulegen, wollte man in ihnen nicht einen Verstoß gegen den absoluten Monotheismus sehen. Skriptualisten sahen darin jedoch eine unzulässige Abweichung vom Wortlaut der Offenbarung: Wie kann der Mensch sich anmaßen, Teile des Koran einfach beiseite zu schieben, lautete ihr Einwand. Musste das nicht am Ende dahin führen, die Ratio über den Text zu stellen?

Der Text trifft aber oft keine eindeutigen Aussagen, so auch nicht zu der Frage, ob Gott in seiner Allmacht die Handlungen des Menschen bestimmt oder ob dieser frei ist, nach seinem eigenen Willen zu handeln. Viele Stellen des Koran wurden als Argumente für die Lehre des Determinismus herangezogen: »Sag: Uns wird nichts treffen, was nicht Gott uns vorherbestimmt (wörtlich: verschrieben) hat. Er ist unser Schutzherr. Auf Gott sollen die Gläubigen immer vertrauen.« (9:51) Jedoch ergab sich aus dem Determinismus die Schwierigkeit, Gott auch für das Böse in der Welt verantwortlich machen zu müssen. Da dies aber in den Augen der Rationalisten unmöglich war, sprachen sie sich für die Handlungsfreiheit und die Verantwortung des Menschen für seine Taten aus. Auch dafür ließen sich zahlreiche Koranstellen heranziehen. Göttliche Allmacht und menschliche Verantwortung verband die ashʿaritische Schule des *kalâm*: Gott schafft zwar alle Taten des Menschen, dieser aber ist frei, sie sich anzueignen oder nicht. Die Lösung wurde als »Weg der Mitte« beschrieben, weil sie sowohl die göttliche Allmacht als auch die menschliche Verantwortung für die eigenen Taten herausstelle.

Viele der alten dogmatischen Probleme werden heute kaum noch diskutiert. Seit dem 19. Jahrhundert reagierten allerdings muslimische Intellektuelle auf die vom Westen geführten Angriffe auf den Islam als einer den Fatalismus predigenden Religion mit dem Rückgriff auf die ashʿaritische Lehre der Aneignung (*kasb*). Sie betonten, dass ihre Grundgedanken keineswegs spezifisch islamisch seien, vielmehr spreche ja auch westliche Soziologie und Psychoanalyse von determinierenden Faktoren wie der »Gesellschaftsordnung« oder der »Triebstruktur«. Auch danach sei der Mensch nicht vollkommen frei, besäße jedoch eine relative Autonomie. Nichts anderes besage die ashʿaritische Aneignungslehre. An die Muslime erging allerdings der Aufruf, sich nicht zu sehr auf die göttliche Vorherbestimmung zu konzentrieren, sondern Verantwortung für sich und die muslimische Gemeinschaft insgesamt zu übernehmen: »Gewiß, Allâh ändert die Lage eines Volkes nicht, ehe sie (die Leute) nicht selbst das ändern, was in ihren Herzen ist.« (13:11) Diese Worte zitieren Muslime oft, um die Gläubigen zu sozialer und politischer Aktivität aufzurufen, so wie es die *sharîʿa* von Gläubigen verlange.

Mystik und Esoterik

Oft wird heutzutage von Muslimen gegenüber Kritikern der Zustände in islamischen Ländern angeführt, dass der »wahre« Islam etwas ganz anderes sei als das, was Muslime in der Praxis tun. Sie hielten sich nicht gänzlich an die *sharîʿa* oder befolgten ihre Gebote nur oberflächlich, um sich den Anschein von Frömmigkeit zu geben. Muslimsein bedeutet in der Tat nicht, alle Gebote des islamischen Rechts immer und in vollem Umfang einzuhalten. Nicht jeder absolviert die Pilgerfahrt, und nicht alle Muslime beten regelmäßig. Demgegenüber gab es aber immer schon »religiöse Virtuosen«, welche nicht nur nach Wissen über die *sharîʿa* strebten, sondern auch strikt danach zu handeln und sie gleichsam in vertiefter Frömmigkeit zu verinnerlichen trachteten. In hohem Maße gilt das für die Sufis, die islamischen Mystiker.

In den ersten Jahrhunderten der islamischen Geschichte traten einzelne Fromme auf, welchen charismatische Fähigkeiten und ein besonderes Wissen um verborgene Dinge zugeschrieben wurde. Ab dem 11. Jahrhundert entstand dann eine Vielzahl von sufischen Bru-

Tanzende Derwische

derschaften (*ṭuruq*, sing. *ṭarîqa*): Mystiker wurden als spirituelle Autoritäten und geistige Führer (*shaikh*, Scheich) von einigen Adepten anerkannt. Unter diesen wählte der Scheich einen Nachfolger, der das Amt nach dem Tod oder dem Rückzug des Scheichs von der Ordensleitung übernahm, um irgendwann seinerseits einen Nachfolger zu bestimmen. Auf diese Weise entstanden Initiationsketten von Scheichen, welche die Weitergabe der Lehren und Handlungsanweisungen des Ordensgründers gewährleisteten. Einer der bis heute bedeutendsten Orden ist die Qâdiriyya, die sich von ʿAbd al-Qâdir al-Kîlânî (gest. 1166) herleitet. Weiter ist zu nennen die im 14. Jahrhundert entstandene Naqshbandiyya, welche viele Anhänger in Deutschland besitzt.

Zu den Ordensregeln gehört die Form des Ordenskleides (*khirqa*), das nach außen den Zustand dessen anzeigt, der sich auf dem mystischen Weg befindet. Weiter schreiben die Regeln bestimmte Gebete vor, die außer den fünf obligatorischen Gebeten (*ṣalât*) verrichtet werden müssen. Auch das nächtliche Wachen (*tahajjud*) zu Gebet und Meditation gilt als verdienstvoll, soll es doch die Hingabe des Adepten an Gott über sein Schlafbedürfnis siegen lassen. Eine besonders große Bedeutung im Leben des Mystikers nimmt der *dhikr* ein. Das Wort bedeutet »Gedenken«, gemeint ist das Gedenken an Gott und seinen Propheten. Die lokalen Anhänger einer mystischen Bruderschaft versammeln sich zum *dhikr* in einer Moschee, einem sufischen Konvent (*zâwiya*) oder einfach einem Privathaus und wiederholen bestimmte Formeln (zum Beispiel *Allâh, Allâh l-ḥaqq*, »Gott ist die Wahrheit«), was bis zur ekstatischen Versenkung in das Gottesgedenken reichen kann. Unterstützend werden manchmal Gesang und Tanz eingesetzt – wie im Falle der »Tanzenden Derwische« des Maulawî-Ordens (türk. *Mevleviye*, nach Maulânâ Jalâl ad-Dîn Rûmî, gest. 1273) mit ihrem Zentrum im türkischen Konya.

Die grundsätzliche Haltung des Mystikers zu Gott ist die des Liebenden zu einem Geliebten. Diese Liebe führt zu einer vertieften Hingabe (*islâm*), die bis zur spirituellen Entwerdung (*fanâ'*) reichen kann, in der der eigene Wille aufgegeben ist und nur noch die Absicht bestehen bleibt, Gott zu dienen.

Der Sufismus hat in vielen Ländern der islamischen Welt heute eine große Bedeutung. In Ägypten existiert mit dem »Obersten Sufîrat« eine Dachorganisation, welche großen Einfluss auf das Leben der Muslime besitzt. Im Westen, in Europa und den USA, nehmen die Orden viele Konvertiten auf. Das liegt zum Teil daran, dass ihre Praktiken bekannten fernöstlichen Meditationstechniken gleichen und mystische Ideen viele Beziehungen zum Gedankengut der New Age-Bewegung aufweisen.

Manche Muslime kritisieren die sufischen Praktiken als *bida'*, als nicht aus Koran und *ḥadîth* ableitbare, unislamische Neuerungen. Das Argument, wonach alles Handeln des Menschen sich auf die beiden Grundtexte beziehen muss, weisen die Sufis zwar nicht zurück. Sie versuchen aber darzulegen, dass durchaus Vorbilder für ihre Praktiken in den Texten existieren, ja sie sehen den Propheten und seine Gefährten als die ersten Mystiker.

Verschiedene Lehren der islamischen Mystiker wurden von ihren Kritikern als Angriff auf das Prinzip der Einheit Gottes verstanden. Man fragte, ob die Lehre von der »Entwerdung« nicht darauf hinausläuft, dass der Mensch sich mit Gott vereinigen kann. Dies wäre die Leugnung der absoluten Einheit Gottes, eine Ketzerei, wie sie unter anderem dem Andalusier Ibn ʿArabî (gest. 1240) zugeschrieben wurde, den viele Sufis als den »größten Scheich« verehren. Das Argument der Sufis gegen die Angriffe lautet, dass der Mensch in der Entwerdung, im *fanâʾ*, nur das subjektive Erlebnis hat, in Gott aufzugehen, dies aber tatsächlich nicht stattfindet. Gott und Mensch bleiben getrennt. Die Kritiker konnten damit aber nicht zum Schweigen gebracht werden, unter anderem weil die Texte der Mystiker oft mit dem Gedanken der Vereinigung spielen und die Trennung zwischen seinsmäßiger Vereinigung und erlebter Vereinigung nicht immer klar hervortritt.

Ein oft von Sufismuskritikern benutztes Argument ist der Vergleich der Sufis mit den Schiiten, vor allem den esoterischen Tendenzen der Schia. Beide verträten die Auffassung, dass ihre Autoritäten, bei den Sufis die Scheiche, bei den Schiiten die Imâme, Zugang zu esoterischen Wahrheiten hätten, welche anderen Menschen verschlossen seien. Beide stellten diese Wahrheit über alle anderen Autoritäten, ja sie gingen so weit, selbst die Gültigkeit des offenbarten göttlichen Gesetzes in Zweifel zu ziehen. Sicher beschreibt diese Kritik Aspekte schiitischer Imâmats-Lehren korrekt; im Unterschied zu den sunnitischen Kalifen sind die Imâme nicht allein darauf beschränkt, die Geltung der *sharîʿa* sicherzustellen, sie können auch selber Normen setzen. Einige schiitische Gruppen sagten sogar, dass für sie, die Erleuchteten, die islamischen Grundpflichten nicht gelten. Gebet, Pilgerfahrt und andere Riten seien allein für Menschen obligatorisch, die nicht die tieferen Zwecke dieser äußerlichen Handlungen erkennen könnten. Wer aber Zugang zur wahren Bedeutung der Riten besitze, sei von ihrer äußerlichen Erfüllung befreit. Schiiten – ebenso wie die Sufis – werden deshalb von vielen Sunniten pauschal als Ketzer (*zanâdiqa*) verdammt.

Den Sufis wird oft vorgeworfen, dass sie sich durch die Konzentration auf ihre inneren spirituellen Vorgänge von dem diesseitigen Leben abwenden. Sicher gab es immer Mystiker, die ein zurückgezogenes Dasein führten, andererseits sind sufische Führer und ihre Anhänger auch oft als politische Aktivisten aufgetreten. Auch heute engagieren sich viele Sufis in militanten sozialen Bewegungen; in schwarzafrikanischen Ländern bilden Orden eigene politische Parteien. Daran, so betonen sufische Lehrer, zeige sich, wie ernst der Sufi seine Pflicht zum Schutz und zur Festigung der islamischen *umma* nehme.

Mystiker machen ihr Verhältnis zum göttlichen Gebot in der Lehre von den drei Stufen ihres spirituellen Aufstiegs deutlich. Oberste Stufe ist die *ḥaqîqa*, die Wahrheit, die nicht allen Menschen zugänglich ist, sondern allein denen, die höchste spirituelle Reife erreicht haben. Den Weg dazu gibt die *ṭarîqa* an, Ausgangspunkt aber ist die durch Gottes Offenbarung gegebene Leitung auf dem »rechten Weg«, der *sharîʿa*.

Jurisprudenz

Die koranischen Gebote sind nicht auf jede normative Fragestellung direkt anwendbar, sondern bedürfen der menschlichen Auslegung, wofür – neben der Koranexegese – die Disziplin der islamischen Jurisprudenz (*fiqh*) zuständig ist. Die im 8./9. Jahrhundert ausgearbeitete Lehre von den »Grundlagen der Jurisprudenz« (*uṣûl al-fiqh*) weist den Juristen an, Antworten auf seine Rechtsfragen zunächst im Koran zu suchen. Findet er dort keinen Fall, der dem seinen entspricht, so wendet er sich an die zweite Quelle des Islam, die Überlieferungen vom Propheten (*ḥadîth*). Bringt auch dies keinen Erfolg, sucht er in diesen beiden Quellen einen dem ihm vorliegenden ähnlichen Sachverhalt, um daraus durch einen Analogieschluss (*qiyâs*) eine passende Lösung abzuleiten. Dadurch konnte beispielsweise das koranische Verbot von Wein auch auf andere alkoholische Getränke ausgedehnt werden. Bildet sich ein zustimmender Konsens (*ijmâ*ᶜ) unter mehreren Juristen, so wird angenommen, dass die Auslegung Gottes Willen gerecht geworden ist. Denn ein Prophetenwort sagt: »Meine Gemeinschaft wird nie im Irrtum übereinstimmen.«

Aus lokalen juristischen Traditionen entwickelten sich verschiedene Rechtsschulen (*madhâhib*), von denen im sunnitischen Bereich bis heute noch vier, allgemein als legitim anerkannte bestehen: die Ḥanafiten, nach Abû Ḥanîfa (gest. 767), die Mâlikiten nach Mâlik ibn Anas (gest. 795), die Shâfiᶜiten, nach ash-Shâfiᶜî (gest. 820) und die Ḥanbaliten, nach Aḥmad ibn Ḥanbal (gest. 855). Ein Beispiel für die Unterschiede zwischen den Rechtsschulen: Ḥanafitische Juristen gestatten eine von der Frau eingereichte Scheidung nur, wenn der Mann wegen Impotenz die Ehe nicht vollziehen kann. Mâlikiten lassen hingegen auch körperliche und geistige Mängel, Verletzung der Unterhaltspflicht, Verlassen oder schlechte Behandlung als Scheidungsgründe gelten.

Zwölferschiitische hochrangige Gelehrte gelten bis heute als berechtigt, selbständige Rechtsfindung (*ijtihâd*) zu betreiben. Im sunnitischen Islam setzte sich hingegen seit dem 9. Jahrhundert weitgehend die Doktrin durch, dass kein Jurist bei der Rechtsfindung selbständige Wege gehen darf, sondern allein durch Nachahmung (*taqlîd*) des Konsenses älterer Autoritäten, vorzugsweise der Angehörigen seiner Rechtsschule, Rechtsprobleme zu lösen hat. Die Durchsetzung des *taqlîd* wird oft für die Inflexibilität des sunnitischen Rechts verantwortlich gemacht, sogar für eine allgemeine kulturelle Erstarrung. Allerdings kann man sagen, dass sich sunnitisches und schiitisches Recht in vielen Punkten kaum unterscheiden. Außerdem hat die neuere Forschung gezeigt, dass auch die sunnitischen Juristen flexibel genug waren, um auf neue Rechtsfragen neue Antworten geben zu können. Davon zeugt ein großes Korpus an Rechtsgutachten (*fatâwâ*, sing. *fatwâ*) und Rechtsfallbeschreibungen. *Fatwâs* spielen im Bereich des Rechts und der moralischen Ausrichtung der muslimischen Gemeinschaft eine große Rolle. Die im Gutachten vertretene Auffassung ist anders als im Falle eines Urteils nicht bindend, hat allerdings, wenn sie von einem Gelehrten mit anerkannt großer Autorität stammt, dennoch ein gewisses Gewicht. Grundsätzlich können Muslime *fatwâs* zu allen Aspekten des islamischen Rechts anfordern, darunter auch zu politischen Problemen. Meist wenden sich die Gläubigen aber heute in Fragen ihrer persönlichen Lebensgestaltung an einen Gutachter. Das kann ein amtlich bestellter *muftî* (»der *fatwâs* erlässt«) sein, aber auch ein Gelehrter, der in einer Zeitung eine Art Beratungskolumne gestaltet. *Fatwâs* werden im Radio, Fernsehen und neuerdings auch im Internet verbreitet. Hier ein Beispiel für eine im Internet veröffentlichte *fatwâ*: »Frage: Ist das Fotografieren erlaubt? Antwort: Gelobt sei Gott. Fotografie bedeutet das Bildermachen von lebenden, lebendigen, sich bewegenden Geschöpfen, wie Menschen, Tiere, Vögel etc. Das (islamische) Urteil diesbezüglich ist, dass dies verboten (*ḥarâm*) ist aufgrund einer Anzahl von Prophetenüberlieferungen.« Im Anschluss zitiert der *muftî* einige davon: »Diejenigen, die am Tag der Auferstehung von Allâh am härtesten bestraft werden, werden die Bildermacher sein.« »Allâh, der Erhabene, sagt: ›Wer tut mehr Unrecht als derjenige, der versucht etwas wie Meine Schöpfung zu erschaffen (der versucht Meine Schöpfung zu imitieren)? So lasst ihn doch ein Weizenkorn oder ein Getreidekorn erschaffen.‹« Drastischer klingt das Bildverbot noch im folgenden *ḥadîth*: »Jeder Bildermacher wird im (Höllen-) Feuer sein, und für jedes Bild, das er machte, wird für ihn eine Seele erschaffen werden, welche im Feuer bestraft werden wird.«

Aus dem angeführten Material leitet die *fatwâ* in Analogie zum »Bildermachen« auch das Verbot der Fotografie ab. Sicher ist dies eine radikale Auffassung, die keineswegs allgemein geteilt wird. Eine Einschränkung des Bilderverbots lässt der Gelehrte nur für den Fall unbedingt erforderlicher Fotografien, etwa in Ausweisdokumenten, gelten. Denn er erklärt: »Das Prinzip der *sharî'a* lautet, dass wir über das Notwendige hinaus nicht übertreiben sollten.«

Der *muftî* leitet das Fotografie-Verbot zwar nicht aus dem Koran, aber doch aus der zweiten Quelle des islamischen Rechts, dem *ḥadîth*, ab. Im Zuge seines *ijtihâd* bezieht er die Worte aus dem *ḥadîth* auf eine neue Technik, die von dem früheren Bilderverbot noch nicht berücksichtigt werden konnte.

Manche sunnitische Juristen gaben sich überdies nicht mit dem *ijtihâd*-Verbot zufrieden und nahmen weiter das Recht darauf für sich in Anspruch. *Ijtihâd* bildete auch eine Grundlage für die weitreichenden Rechtsreformen, welche etliche islamische Staaten ab dem 19. Jahrhundert unter dem Eindruck des Kolonialismus und der Rezeption westlicher Kultur unternahmen (**Pluralismus und Demokratie**). → S. 77 Im Zentrum stand dabei das Zivil- und Personenstandsrecht, wobei die Lehren der älteren Rechtsgelehrten revidiert wurden. Außer durch *ijtihâd* geschah dies durch neue Verknüpfung und Zusammenstellung von Rechtssätzen aus vorhandenen *fiqh*-Werken, selbst solchen unterschiedlicher Rechtsschulen.

Bei der Reform anderer Rechtsbereiche, etwa des Wirtschaftsrechts oder des Strafrechts, wurden hingegen europäische Rechtsbücher adaptiert und die Geltung des *fiqh* außer Kraft gesetzt. Institutionell führte dies dazu, dass der Kompetenzbereich der Kadis, der traditionellen Richter, weitgehend auf das Personenstandsrecht beschränkt wurde, während außerhalb davon nach europäischem Standard ausgebildete Juristen arbeiten. Nun war diese Gestaltung der Jurisdiktion nicht so revolutionär, wie sie zunächst erscheinen mag. Schon vorher hatten andere Instanzen als die Kadis Recht gesprochen. Dazu gehören in ländlichen Regionen Stammesräte, deren Praxis zum Teil dem islamischen *fiqh* folgt, zum Teil aber auch der lokalen Gewohnheitspraxis (*ʿâda*, oder *ʿurf*), die stark davon abweichen kann. Die *fuqahâʾ* akzeptierten manche gewohnheitsrechtlichen Normen und integrierten sie in ihre Lehren, andere blieben fortdauernd umstritten und gaben Anlass zu Klagen städtischer Gelehrter über die »zweifelhafte Gläubigkeit« von Nomaden und Bauern. Auch in den Städten wurde aber der Einfluss des *fiqh* und seiner Vertreter oft beschränkt, da – vor allem im Bereich des Strafrechts – vielfach Herrscher bzw. ihre Vertreter nach eigenen Regeln Recht sprachen und auch vom *fiqh* nicht vorgesehene Strafen verhängten.

Manche Muslime sehen insofern die modernen Reformen als legitime Fortsetzung alter Traditionen in der islamischen Welt. →S. 71 **Islamische Aktivisten** rufen im Gegensatz dazu nach der Abschaffung aller Spuren weltlichen Rechts in islamischen Gesellschaften und propagieren die Wiedereinführung der *sharîʿa*.

Recht und Alltag

Der Islam – eine Gesetzesreligion?

Indem Gott durch den Koran Normen erließ, die das menschliche Leben in allen seinen Aspekten betreffen, erwies er, sagen Muslime, den Menschen eine große Gnade. Keineswegs empfinden sie den Islam als eine Religion, die das Leben der Gläubigen mit einer Vielzahl von Pflichten und Verboten belastet. Sie weisen darauf hin, dass Gottes Normen nie die Kraft der Menschen überfordern. So müssen – und dürfen – nur diejenigen Gläubigen die Pilgerfahrt unternehmen, die dazu finanziell und körperlich in der Lage sind. Oder: Mildtätigkeit ist gefordert, soll aber nicht den eigenen Ruin zur Folge haben. Überdies führen Muslime an, dass der Katalog der verbotenen Handlungen und der entsprechenden Strafen zu Unrecht von Außenstehenden als das besondere Kennzeichen des Islam verstanden werde. Denn den nicht sehr zahlreichen Verboten stehe ein großer Bereich des Erlaubten gegenüber, welcher den Menschen große Freiheiten lasse.

Die Juristen, die *fuqahâ'*, unterscheiden verschiedene Arten von menschlichen Pflichten. Es gibt Pflichten, die aus den »Rechten Gottes« gegen den Menschen (*ḥuqûq Allâh*) herrühren, und solche, die den Rechten des Menschen gegen andere Menschen (*ḥuqûq an-nâs, ḥuqûq al-adamiyyûn*) entspringen. Zu den Rechten Gottes gehört, dass die Menschen die koranischen Verbote von Diebstahl, Mord, Ehebruch etc. beachten. Den Rechten des Menschen unterliegen zivilrechtliche Bestimmungen.

Die klassischen *fiqh*-Werke gliedern sich in zwei Teile. Der erste beschreibt die »Handlungen des Gottesdienstes« (*ʿibâdât*): das tägliche Gebet, das Fasten im Ramaḍân etc. Der zweite Teil regelt die Handlungen, welche die Beziehungen der Menschen untereinander ausmachen (*muʿâmalât*), etwa alle Arten von Vertragsschlüssen. Einige Gebote wie das des offensiven Kampfes gegen Ungläubige (*jihâd*) sind kollektive Pflicht (*farḍ al-kifâya*). Eine individuelle Pflicht (*farḍ al-ʿain*), wie die des Betens hingegen hat jeder einzelne Muslim und jede einzelne Muslimin zu erfüllen. Eine weitere Unterscheidung besteht zwischen Normen, welche im engeren Sinne rechtlichen Charakter haben, also von einer weltlichen Instanz sanktioniert werden können, und denjenigen, deren Einhaltung respektive Nichteinhaltung erst im Jenseits eine Würdigung erfährt. Wenn auch beide zur *sharîʿa* gehören, so interessiert die Juristen bzw. die staatliche Rechtsprechung vor allem die rechtlichen Normen.

Verbote und Strafen

In etlichen islamischen Ländern der Gegenwart sind die strafrechtlichen Teile des *fiqh* weitgehend außer Kraft gesetzt worden, so dass

Tatbestände wie Mord und Diebstahl meist keine Bestrafung entsprechend den Normen der *fiqh* nach sich ziehen. In den neuen Strafgesetzbüchern fallen darüber hinaus bestimmte Tatbestände gänzlich weg. Ehebruch zum Beispiel ist allein privatrechtlich interessant und führt nicht zur Anwendung von Körperstrafen, welche der *fiqh* unter bestimmten Bedingungen vorschreibt. Einige islamische Länder, die ihre strikte Treue zur *sharî'a* betonen (Afghanistan unter den Ṭâlibân, Saudi-Arabien, Sudan, Nordnigeria), halten zwar an dem alten Strafrecht fest, dem Rechtsempfinden vieler Gläubiger widerstrebt dies aber.

Manche Muslime begründen die islamischen Speiseverbote, darunter das Verbot des Schweinefleischs, mit medizinischen Argumenten. Für andere sind diese ohne Belang; sie verweisen einfach darauf, dass es Gottes Gebot ist, kein Schweinefleisch zu essen, schädlich oder nicht. Auch zum Verzehr erlaubte Tiere wie Rinder, Ziegen, Hühner und Schafe sind nur in geschächteter Form, d. h. ohne Betäubung getötet und mit durchgeschnittener Kehle ausgeblutet, zum Verzehr erlaubt. In muslimischen Ländern ist es nicht schwer, sich an diese Gebote zu halten, da man nur in den Geschäften anderes Fleisch bekommt, die eine nichtmuslimische Kundschaft bedienen. Aber inzwi-
→S. 103 schen haben auch **Muslime im Westen** zumindest in größeren Städten Metzgereien eröffnet, in welchen sie nur erlaubtes (*ḥalâl*) Fleisch verkaufen.

Während die meisten Muslime kein Schweinefleisch zu sich nehmen, stellt der Alkohol einen etwas anderen Fall dar. Das islamische Recht verbietet ihn zwar, weil er von der korrekten Erfüllung der muslimischen Pflichten abhält und allgemein zu Sittenlosigkeit und Gesetzesbruch führt. Allerdings kann dies nicht über die vielen Passagen der Literatur hinwegtäuschen, in der auch gute Muslime über die Freuden des Trunkes sprechen. Sicher ist damit in vielen Fällen allegorisch auf eine mystische Trunkenheit in tiefer spiritueller Versenkung angespielt, doch sicher nicht immer. Ein Ghasel-Gedicht des

Ḥâfiẓ (1325–1389) spricht vom Rausch in mehrfacher Bedeutung. Zwei Verse in der Übersetzung von Friedrich Rückert lauten:

»Zur Schenke kam ein Freund mit Spende vom Geschick,
Berauscht vom Wein, und wir berauscht von seinem Blick.
Des Himmels neuer Mond ist seines Rosses Huf;
Vor seinem Wuchse beugt die Zeder ihr Genick.«

Heute gilt es in manchen Kreisen durchaus als Zeichen von Modernität, Alkohol zu trinken. Allerdings wird meist nicht in der Öffentlichkeit, etwa in einem Straßenkaffee ausgeschenkt, sondern eher in geschlossenen Restaurants oder Nachtklubs.

Der Abfall vom Islam, die Apostasie, stellt die schwerste Sünde dar, die ein Muslim begehen kann; theoretisch steht darauf die Todesstrafe, praktisch wird sie aber kaum vollzogen. Minderheiten sehen als Apostasie schon das Nichteinhalten der Pflichten des Gottesdienstes, der *ʿibâdât* an. Die Mehrheit der Muslime hingegen argumentiert, dass Apostasie nur dann vorliegt, wenn jemand den verpflichtenden Charakter der *ʿibâdât* leugnet, nicht wenn er persönlich etwa nicht betet oder kein Almosen gibt.

Als Beweis für den Tatbestand der Apostasie wird gelegentlich die Schmähung des Propheten gewertet, wie im Falle des Rechtsgutachtens (*fatwâ*) Khomeinis zu den »Satanischen Versen« des britischen Muslims indischer Herkunft Salman Rushdie. Der 1988 mit dem Literatur-Nobelpreis ausgezeichnete Nagîb Maḥfûẓ (geb.1911) wurde von ägyptischen Gelehrten aufgrund seines Romans »Die Kinder unseres Viertels« 1959 der Blasphemie beschuldigt. Das führte dazu, dass das Buch nur außerhalb Ägyptens erscheinen durfte. 1994 verübte ein Aktivist einen Anschlag auf den Autor, der jedoch nicht tödlich endete. Ein weiterer im Westen bekannter Fall ist der ägyptische Literaturwissenschaftler Naṣr Ḥâmid Abû Zaid (geb. 1943). Er wurde vor einem Kairoer Gericht angeklagt, durch seine Interpretation des Koran zum Apostat geworden und somit unrechtmäßig mit einer Muslimin verheiratet zu sein. Im Jahre 1995 verhängte das Gericht die Zwangsscheidung von seiner Frau.

Muslimische Lebensläufe

Eine viel größere Bedeutung als das Strafrecht haben gegenwärtig die Normen der familien- und personenstandsrechtlichen Teile des *fiqh*. Zusammen mit lokal unterschiedlichen Bräuchen bestimmen sie maßgeblich muslimisches Handeln auf verschiedenen Stationen des Lebens.

Schon mit der Geburt hängen viele Bräuche zusammen. Vor der Geburt gilt es, das Kind vor dem »Bösen Blick« zu schützen; Mütter und Großmütter achten darauf, dass keine Personen, denen man Neid und Missgunst zuschreibt, der Mutter zu nahe kommen. Das Erste, was das Neugeborene hört, soll der – in sein Ohr geflüsterte – Gebetsruf sein. Weitere Riten in Zusammenhang mit der Geburt sind die Darbringung eines Opfers und die Verteilung von Almosen.

Möglichst am siebten Tag nach der Geburt soll die Namensgebung erfolgen. Viele der muslimischen Personennamen bringen das Verhältnis des Menschen zu Gott zum Ausdruck. So bedeutet ʿAbd Allâh »Der Diener Gottes«. Der Name des Propheten Muḥammad (der Gepriesene) ist wie auch seine weiteren Namen Aḥmad oder Ṭâhâ sehr beliebt, ebenso die Namen der ersten vier Kalifen, wobei die Schiiten ʿAlî bevorzugen.

Männliche Kinder werden wenige Tage nach der Geburt, manchmal auch erst nach einigen Jahren (wie in der Türkei), durch Entfernen der Vorhaut beschnitten. Dieses Ritual schreibt der Koran nicht vor, nur die Rechtsschule der Shâfiʿiten ordnet es an. Allerdings ist die Beschneidung allgemein üblich. Sie gewährleiste, sagen ihre Befürworter, dass die zum Gebet erforderliche rituelle Reinheit nicht durch verborgenen Schmutz aufgehoben werde.

Im Unterschied zur in der Regel harmlosen Jungenbeschneidung stellt die Klitorisamputation bei Mädchen einen sehr schmerzhaften Eingriff dar. Sie ist nicht in allen islamischen Ländern verbreitet, sondern vorwiegend in Schwarzafrika und Ägypten, wo sie auch bei Christen und Andersgläubigen vollzogen wird. Ihre Notwendigkeit bzw. Legitimität ist unter Muslimen umstritten und hat zu heftigen Kontroversen geführt. Islamische Gelehrte wenden ein, dass man den Frauen nicht die sexuelle Lust nehmen darf, welche der Islam – innerhalb der Ehe – ausdrücklich für gut befindet. Andere Muslime sehen in der Klitorisamputation einfach einen barbarischen Akt, der nichts anderes als die männliche Beherrschung des weiblichen Körpers repräsentiert. Als eine exponierte Gegnerin dieser Praxis hat die Ägypterin Nawâl as-Saʿdâwî (geb. 1931) auch in Deutschland durch mehrere Bücher Berühmtheit erlangt.

Wichtigstes Element muslimischer Gesellschaften ist auch heute noch die Familie, obwohl sich ihre Form und Funktion in den letzten Jahren deutlich gewandelt hat. Die rechtlichen Neuordnungen seit dem 19. Jahrhundert zielen in der Tendenz auf eine Gleichstellung der Frau – ohne dass diese bisher erreicht wurde. Über **die Stellung der Frau im Koran** kursieren noch immer die widersprüchlichsten Interpretationen. Da die Resultate der Reformen in verschiedenen Ländern ganz unterschiedlich ausfallen, lassen sich keine allgemeingültigen Aussagen zur derzeitigen Rechtslage treffen, sondern nur einige Entwicklungslinien angeben. →S. 96

Islamische Ethik empfiehlt den Gläubigen ausdrücklich die Ehe, auch den Gelehrten; der Islam kennt kein Zölibat. Juristisch gesehen bedeutet Heirat (*nikâḥ*), einen Vertrag einzugehen. Die Vertragspartner sind bei den Sunniten der Mann und ein gesetzlicher Vertreter der Frau, während die Schiiten der Frau zugestehen, selbst als Vertragspartner aufzutreten. Traditionellerweise liegt die Anbahnung der Ehe in den Händen der Eltern. Besonders die Mütter sehen sich nach Kandidaten bzw. Kandidatinnen um und treffen Absprachen mit deren Eltern. Allerdings können sowohl der Bräutigam als auch die Braut die Eheschließung ablehnen und sollen dann nicht gezwungen werden. Heute lernen sich künftige Ehepartner häufig in der Universität, am Arbeitsplatz oder bei anderen Gelegenheiten kennen, jedoch ist ein Einverständnis des gesetzlichen Vertreters der Braut notwendig.

In vielen islamischen Ländern gilt die Pflicht zur Anerkennung und schriftlichen Dokumentation der Eheschließung durch den Staat. Daneben besteht aber die Form der Heirat weiter, welche lediglich vor einem lokalen Gelehrten geschlossen wird. Dabei kann es jedoch bei Fragen der Erbschaft zu Problemen kommen, woraus sich ein Anreiz zur staatlichen Ehe ergibt.

Teil des Ehevertrages ist die Festlegung der Brautgabe (*mahr*), meist in Form von Geld. Einen Teil davon zahlt der Ehemann sofort, über den anderen wird im Falle einer Scheidung befunden. Da aus Gründen des sozialen Prestiges oft exorbitante, teilweise ruinöse Brautgaben vereinbart wurden, setzte man in manchen Ländern Höchstsummen fest. Ehen mit nichtmuslimischen Frauen werden anerkannt, während umgekehrt die Regel gilt, dass ein Mann vor der Heirat mit einer Muslimin zum Islam konvertieren muss.

Ein Anliegen der Rechtsreformer bestand darin, die häufigen Kinderheiraten zu unterbinden. So wurde in einigen Ländern festgelegt, dass eine Frau 16 Jahre, der Mann 18 Jahre alt sein muss. Die Reformer sahen sich damit allerdings in einem Konflikt mit dem bestehenden Konsens der *fuqahâ'*, der Rechtsgelehrten. Danach können Ehen mit dem Eintritt der Pubertät geschlossen werden, die bei Mädchen zwischen neun und dreizehn Jahren angesetzt wurde, bei Jungen zwischen elf und fünfzehn. Eine Lösung des Problems lautet: Kinderheirat ist zwar nicht verboten, wird aber staatlicherseits nicht anerkannt.

Nach früher dominierender Auslegung des Koran darf ein Mann vier Frauen ehelichen, wenn er dazu finanziell und körperlich in der

Lage ist. Reformern erschien dies zwar als Relikt überholter Zeiten, jedoch haben lediglich Tunesien und die Türkei die Einehe gesetzlich vorgeschrieben. In anderen Ländern wurde die zweite Heirat zwar nicht verboten, aber etlichen Bedingungen unterworfen – unter anderem muss die erste Frau der zweiten Heirat zustimmen.

Eine nur bei den Schiiten mögliche Form der Ehe ist die Zeitehe (*mutʿa*). Dabei wird von vornherein eine begrenzte Dauer festgelegt, die im Minimalfall nur einige Stunden betragen kann. Sunnitische Juristen sehen dies als eine versteckte Form der Prostitution an und stellen dagegen die Norm, dass die Ehe prinzipiell eine unbegrenzte Dauer hat.

Die Rechte und Pflichten, die sich aus der Eheschließung ergeben, beruhen trotz des gewandelten Geschlechterbildes noch immer auf der von den Juristen und Gesetzgebern angenommenen wesensmäßigen Ungleichheit zwischen Mann und Frau. Der Mann ist das Oberhaupt der Familie, dem die Fürsorgepflicht für Frau und Kinder obliegt. Für diese resultiert daraus ein Unterhaltsanspruch, der rechtlich eingeklagt werden kann. Die Frau ihrerseits hat die Pflicht, für den Haushalt und die Erziehung der Kinder zu sorgen.

Annahmen von der natürlichen Veranlagung der Frau führten auch zu der Idee, dass sie der Leitung durch den Mann bedarf, um nach der *sharīʿa* leben zu können. Das rechtlich festgelegte Gebot des Gehorsams gegen den Mann bedeutet etwa, dass sie ohne Zustimmung des Mannes keine Arbeit annehmen, nicht das Haus verlassen oder gar reisen darf. Verletzt die Frau die Pflicht zum Gehorsam, sind Sanktionen erlaubt, wozu auch das Schlagen zählt.

Zwar raten die Gelehrten von der Scheidung ab, da aber die Ehe nach islamischem Recht einen Vertrag darstellt und nicht ein Sakrament, spricht rechtlich gesehen nichts dagegen. Wenn eine Frau von sich aus die Scheidung verlangt, mag sie anführen, dass ihr Mann unfruchtbar oder ansonsten nicht in der Lage ist, seine ehelichen Pflichten zu erfüllen. Eine weitere Form der Scheidung erfolgt nach gegenseitiger Übereinkunft. Die Partner verzichten dabei auf gegenseitige Ansprüche, was für die Frau bedeutet, dass sie den noch ausstehenden Teil der Brautgabe verliert. Auch kann eine Scheidung bei Zerrüttung der Ehe von Seiten eines Gerichts verfügt werden. Ohne Angabe von Gründen darf allein der Mann die Scheidung erklären, indem er dreimal die Formel »Ich verstoße dich« ausspricht. Ein Missbrauch dieses Rechts sollte dadurch verhindert werden, dass der Mann nach der Verstoßung (*ṭalâq*) sofort den ausstehenden Teil des Brautpreises entrichten muss. Im Zuge der neueren Rechtsreformen wurde das einseitige Recht des Mannes zur Verstoßung wenn auch nicht aufgehoben, so doch eingeschränkt. Das ägyptische Recht kennt die Regel, wonach die Verstoßung erst nach einem gescheiterten Versöhnungsversuch im Rahmen der Familie erfolgen darf. Auch können Abfindungen festgelegt werden, wenn die Frau keinen Anlass für die Verstoßung gegeben hat. Einer anderen Regel zum Schutz der Ehefrau zufolge muss der Mann ein notarielles Zertifikat seines Verstoßungsaktes erwirken, welches der Frau zur Kenntnis gebracht wird. Dies richtet sich gegen den durchaus vorkommenden Missstand, dass die Frau von der Verstoßung nichts erfährt, weiter mit ihrem Mann zusammenlebt und sogar Kinder gebiert.

Islamische Juristen haben eine Fülle von Regelungen für die Verteilung der Erbschaft entwickelt, die teilweise komplizierte mathematische Operationen verlangen. Grundsätzlich lässt sich zwischen Nicht-Pflichterbe und Pflichterbe unterscheiden. Während die Verteilung des ersten, bis zu einem Drittel der Gesamtsumme, weitgehend dem Willen des Erblassers anheim gestellt bleibt, ist die Verteilung des Pflichterbes genau geregelt. Erbberechtigt sind Verwandte; die Höhe des Erbes richtet sich nach dem Grad der Verwandtschaft. Männliche Verwandte erben grundsätzlich doppelt soviel wie weibliche.

Muslimische Intellektuelle verweisen oft darauf, dass die koranische Offenbarung einen Fortschritt gegenüber der vorislamischen Gesellschaft gebracht habe, in der Frauen gänzlich von Erbschaft ausgeschlossen wurden. Eine Ungerechtigkeit wollen sie in dem geringeren Erbe für Frauen nicht sehen, da den Männern andererseits die alleinige Fürsorgepflicht für die Familie obliege. Solche Argumentationen sind zwar mit dem Hinweis auf geänderte soziale Verhältnisse in Frage gestellt worden, jedoch hatten Reformversuche im Bereich des Erbrechts bisher kaum Erfolg.

Das Begräbnis von Muslimen enthält eine Reihe ritueller Handlungen, darunter die Waschung des Leichnams, die Aufbahrung, die Rezitation der Fâtiḥa und anderer Gebete. Der Körper wird nicht in einem Sarg, sondern eingehüllt in ein weißes Tuch auf einem Friedhof beigesetzt – der Kopf gen Mekka ausgerichtet. Oft wird bei der Bestattung die 36. Sure des Koran rezitiert, welche einige Kernaussagen zum Thema Tod enthält: »Wahrlich, Wir sind es, Die die Toten beleben, und Wir schreiben das auf, was sie begehen, zugleich mit dem, was sie zurücklassen; und alle Dinge haben Wir in einem deutlichen Buch verzeichnet.« Der Tod ist kein Ende des menschlichen Daseins, sondern allein eine Etappe auf dem Weg zum Gericht, eine Station zwischen Erschaffung des Menschen durch Gott und seiner Rückkehr zum Schöpfer. An die Ungläubigen gerichtet verkündet der Koran: »Weiß der Mensch denn nicht, dass Wir ihn aus einem Samentropfen erschufen? Und siehe da, er ist ein offenkundiger Widersacher! Und er prägt Uns Gleichnisse und vergißt seine eigene Erschaffung. Er sagt: ›Wer kann die Gebeine beleben, wenn sie morsch geworden sind?‹ Sprich: ›Er, Der sie das erstemal erschuf – Er wird sie beleben; denn Er kennt jegliche Schöpfung. Er, Der für euch Feuer aus den grünen Bäumen hervorbringt; und siehe, davon habt ihr dann Brennmaterial. Ist Er, Der die Himmel und die Erde erschuf, nicht imstande, ihresgleichen zu erschaffen?‹ Doch, und Er ist der Erschaffer, der Allwissende. Wenn Er ein Ding will, lautet Sein Befehl nur: ›Sei!‹ – und es ist. Also gepriesen sei Der, in Dessen Hand die Herrschaft über alle Dinge ruht und zu Dem ihr zurückgebracht werdet!« (36:77–83)

Vertiefungen

Die islamische Welt und der Westen

Wenn in diesem Buch vom »Westen« gesprochen wird, so sind damit die weitgehend säkularisierten Gesellschaften mit hohem technischen Entwicklungsstand gemeint, also vor allem Europa, Nordamerika, Russland und Japan.

Historisch gesehen machen aber zunächst einmal nur die europäischen Länder den Westen aus. Ihre Beziehungen zur islamischen Welt begannen mit einer muslimischen Eroberungswelle. Etwas langsamer als die Eroberung schritt die Verbreitung des muslimischen Glaubens voran, der von den Betroffenen teilweise gerne übernommen, teilweise aber auch heftig abgelehnt wurde. Christliche Polemik gegen die »heidnischen Sarazenen« und ihren »falschen Propheten« zog sich bis in die Neuzeit durch europäisches Denken. Bald entwickelten sich aber auch Handelskontakte, diplomatische und kulturelle Beziehungen zu den Muslimen, welche durch die im 11. Jahrhundert einsetzenden Kreuzzüge in den Vorderen Orient kaum gestört wurden. Wenn sie auch keine existenzielle Bedrohung für den Islam insgesamt darstellten, sahen sich die Muslime durch die Kreuzfahrer erstmals mit einer ernsthaften Offensive Europas konfrontiert. In Europa wiederum verbreitete sich eine neue Welle von Angst vor dem Islam, als die Osmanen im 14. Jahrhundert begannen, die christlichen Länder des Balkans zu erobern, bevor ihnen dann 1453 die Einnahme der Hauptstadt des byzantinischen Reiches, Konstantinopel, gelang. Die »Türkenfurcht« blieb ein Hauptthema in der europäischen Öffentlichkeit, bis nach der zweiten erfolglosen osmanischen Belagerung Wiens (1683) die christlichen Mächte, allen voran die Habsburger, zunehmend in die Offensive gingen und das Osmanische Reich in eine lange Phase des Niedergangs eintrat. Diese

»Orientalismus« in der Malerei – Eugène Delacroix, Les femmes d'Alger, 1834

wurde zwar immer wieder von osmanischen Initiativen gebremst, führte aber schließlich doch nach der Niederlage der Achsenmächte im Ersten Weltkrieg zur endgültigen Auflösung der Osmanenherrschaft im Jahre 1923.

Der Kolonialismus konnte in seiner Hochzeit 1880–1930 die meisten islamischen Länder in Einflusszonen europäischer Mächte, vor allem der Briten, Franzosen, Holländer und Russen, aufteilen. Die koloniale Beherrschung wurde nicht allgemein abgelehnt, sondern von vielen Muslimen – zumindest zeitweise – als Chance für die eigene Entwicklung begriffen. Eine Rezeption europäischen Denkens setzte ein, wodurch Ideen wie die der Demokratie und des Konstitutionalismus ebenso Verbreitung fanden wie etwa die moderne Wissenschaft. Vielen Muslimen schien allerdings nunmehr anders als zur Zeit der Kreuzzüge ihre Kultur von völliger Vernichtung bedroht. Das führte zu teilweise heftigem Widerstand gegen den Westen einerseits und zu Versuchen einer Reform der eigenen Gesellschaft andererseits. Dabei kam den Muslimen entgegen, dass sich parallel zum Anwachsen des europäischen Einflusses in den islamischen Ländern neue Möglichkeiten der Mobilität und Kommunikation ergaben. Europäische Ausbilder organisierten Militär und Wirtschaft in reformfreudigen Ländern wie dem Osmanischen Reich und Ägypten, während Muslime sich auf Studienmissionen in Europa dessen Wissen vor Ort aneigneten und dann für Reformen in ihren Heimatländern nutzbar machten. Die Unterlegenheit der islamischen Welt gegenüber dem Westen konnte jedoch nicht aufgehoben werden.

Viele im Westen sahen – und sehen teilweise noch immer – darin einen Hinweis auf eine Unfähigkeit der Muslime, einen Fortschritt ihrer Gesellschaft herbeizuführen und Teil einer modernen Weltordnung zu werden. Diese Haltung kritisierte das im Jahre 1978 erschienene Buch »Orientalismus« des palästinensisch-amerikanischen Literaturwissenschaftlers Edward Said. Said erhob den Vorwurf, dass man im Westen ein verzerrtes Bild vom »Orient« konstruiert habe, welches die faktisch herrschende Dominanz des Okzidents über den Orient bestätige. Der Orientale, vor allem der Muslim, wird im Orientalismus als ein Menschentyp gesehen, der ganz bestimmte, über die Jahrhunderte konstante Eigenschaften besitzt. Schicksalsgläubig und fortschrittsfeindlich, kann er den Anforderungen der modernen Zeit aus eigener Kraft nicht entsprechen und ist somit – im Rahmen des Kolonialismus oder Postkolonialismus – auf westliche Hilfe oder Leitung angewiesen. Weiter verfestigte der Orientalismus, so Said, das alte Bild des bedrohlichen Orients, welcher unter Kontrolle gehalten werden müsse.

Obwohl die Kritik Saids oft recht pauschal ausfällt, kann man ihr in gewissem Maße folgen. In der Tat wird die Vielfalt und Dynamik der »orientalischen« Gesellschaften oft verkannt, werden neuere Entwicklungen übersehen. Ein Verdienst Saids besteht auch darin, dass er mit seinen Angriffen auf den »Orientalismus« das Problem des interkulturellen Verstehens wenn nicht als Erster erkannt, so doch öffentlichkeitswirksam thematisierte. Wenn westliche Betrachter zu einem Verständnis islamischer Kultur gelangen wollen, ist es ohne Zweifel erforderlich, sich die eigenen Traditionen samt den von ihnen beförderten Vorurteilen bewusst zu machen.

Gleiches gilt umgekehrt auch für die Muslime, in deren Selbstverständnis heute ihre Beziehung zum Westen eine zentrale Rolle spielt. Je nach Ausrichtung kann ihre Haltung von völliger Verwestlichung bis zur gänzlichen Ablehnung des Westens reichen. Dass dabei oft ebenso Verzerrungen im Bild des Westens auftreten und sich analog zum »Orientalismus« eine Art »Okzidentalismus« entwickelte, ist kaum verwunderlich.

Islamische Aktivisten

Ein ausgezeichnetes Beispiel für den islamischen Aktivismus ist sicherlich die Koraninterpretation des einflussreichen Theoretikers Sayyid Quṭb. Besonders anschaulich wird dies in seiner Deutung der Verse 83:1–3: »Wehe denjenigen, die das Maß verkürzen, die, wenn sie sich von den Leuten zumessen lassen, volles Maß verlangen. Und dann jedoch, wenn sie es ihnen ausmessen oder auswägen, verkürzen sie es.« Sayyid Quṭbs Kommentar dazu lautet: »Diese Warnung, so früh in der mekkanischen Periode herabgesandt, gibt eine Vorstellung von der Natur der islamischen Religion. Sie weist darauf hin, dass der Islam alle Aspekte des Lebens umfasst und einen festen moralischen Code etablieren will, der mit den grundlegenden Prinzipien der göttlichen Lehren in Einklang steht. Zu der Zeit, als diese Sure offenbart wurde, war die muslimische Gemeinschaft noch schwach. Die Anhänger des Islam hatten noch nicht die Macht erlangt, die Gesellschaft und das Leben der Gemeinschaft in Einklang mit den islamischen Prinzipien zu organisieren. Aber der Islam demonstrierte seine Opposition gegen die Handlungen flagranter Ungerechtigkeit und gegen unethisches Verhalten. Er erklärte den Betrügern den Krieg und bedrohte sie mit Weh und Vernichtung in der Zeit, als sie die mächtigen Herrscher Mekkas waren. Er erklärte seine kompromisslose Gegnerschaft gegen die Ungerechtigkeit, unter der die Massen zu leiden hatten. Der Islam hat nie danach gestrebt, sie in einen Zustand der Lethargie und Apathie einzulullen.« Vielmehr sollen die Muslime sich gegen soziale Ungerechtigkeit erheben; die islamischen Aktivisten bilden dabei die Avantgarde.

Oft werden die Aktivisten von westlichen Beobachtern und Muslimen mit dem Terminus »Islamisten« bezeichnet, um sie von anderen Muslimen abzugrenzen. Wenn die meisten Gläubigen aus Tradition dem Islam anhängen und die göttlichen Gebote eher in laxer Form befolgen, so besitzen Islamisten ein reflektiertes Verhältnis zur Religion. Sie begreifen den Islam als Ideologie, als Mittel in einem politischen Kampf, analog zum Sozialismus, Nationalismus und Liberalismus, die ebenfalls eine gewisse Bedeutung in der islamischen Welt haben. Für die Aktivisten selber ist der Islam keine von Menschen entworfene Ideologie, die im Prinzip mit anderen auf gleicher Stufe koexistieren kann, sondern die einzige, die göttliche Wahrheit.

Die Aktivisten sind Fundamentalisten in dem Sinne, dass sie sich in hohem Maße auf Koran und *ḥadîth* beziehen, während sie die spätere muslimische Texttradition, die von anderen Gläubigen prinzipiell anerkannt wird, verwerfen. Fundamentalismus ist insofern Antitraditionalismus. Er ist auch antikonservativ, da er sich nicht auf die historisch gewachsene muslimische Gemeinschaft bezieht, sondern auf einen idealisierten Urzustand. Die Fundamentalisten nehmen den alten Gedanken auf, wonach die Epoche Muḥammads und der rechtgeleiteten Kalifen die ideale Zeit des Islam war, nach der ein Abstieg folgte. Dem entgegen steht jedoch die zyklische Erneuerung (*tajdîd*) des Glaubens, welche in einem oft zitierten *ḥadîth* erwähnt ist: »Am Anfang eines jeden Jahrhunderts wird einer kommen, der euch eure Religion erneuert.«

Jedoch wollen die Fundamentalisten im Allgemeinen nicht die Wiederherstellung der Gesellschaft, wie sie zur Zeit des Propheten bestanden hatte. Sie leugnen nicht, dass in den gegenwärtigen islamischen Gesellschaften Verhältnisse herrschen, welche eine »Rückkehr nach Medina« nicht erlauben. Vielmehr geht es ihnen um eine Adaption des frühislamischen Ideals in moderner Form. Was das heißt, wird aus ihren Äußerungen nicht ganz deutlich, und die oft gebrauchte Formel von der »Einführung der *sharīʿa*« als Ziel hilft bei der Klärung auch nicht weiter. Einige Fundamentalisten wollen etwa auf das alte Strafrecht zurückgreifen und konsequent die Körperstrafen verhängen, andere lehnen dies als unzeitgemäß ab. Einige fordern, die gesellschaftliche Rolle der Frau ganz auf ihre Funktionen innerhalb der Familie zu beschränken, andere propagieren das Engagement von Frauen in der Öffentlichkeit.

Auch die Begriffe »Integristen« oder »Integralisten« können auf die islamischen Aktivisten angewandt werden. Denn ihrer Auffassung nach bildet der Islam ein in sich abgeschlossenes System, dessen Elemente in einer vollkommenen Harmonie miteinander stehen. Die Normen des Rechts zum Beispiel berücksichtigen die naturgegebenen Eigenschaften des Menschen adäquat, indem sie den »Fakt« der Ungleichheit von Mann und Frau anerkennen. Das Verbot des Schweinefleisches ist keineswegs eine willkürliche Anordnung Gottes, sondern basiert auf seiner Schädlichkeit. Aus den genannten und einer Vielzahl anderer Elemente bildet sich nach integristischer Auffassung die Lebensordnung des Islam, die allen anderen überlegen ist.

Innerhalb des aktivistischen Spektrums gibt es große Unterschiede, wobei die Strategien der Aktivisten von den verschiedenartigen Reaktionen der Staaten, in denen sie auftreten, abhängen. In einigen Staaten versucht die Regierung, sich ein Monopol auf islamisch begründete Politik zu sichern, indem sie selber als Vorkämpfer für die Ziele auftritt, welche ansonsten die Aktivisten propagieren. In Marokko zum Beispiel war lange Zeit die Legitimität einer islamischen Opposition schwer zu begründen, wird doch den Angehörigen der regierenden ʿAlawiden-Dynastie in ihrer Eigenschaft als Prophetennachkommen (*shurafâ'*, sing. *sharîf*) sowohl weltliche als auch religiöse Autorität zugeschrieben. Ihr Titel *amîr al-mu'minîn* (Herrscher der Gläubigen), den bereits die Kalifen getragen hatten, verdeutlicht dies.

Aufgrund staatlicher Repression agieren viele aktivistische Gruppen im Untergrund und machen oft durch Terroranschläge auf sich aufmerksam. In Algerien stand die 1989 als Partei eingetragene »Islamische Heilsfront« in den für Januar 1992 angesetzten Parlamentswahlen davor, die Mehrheit zu gewinnen. Ein Staatsstreich des Militärs verhinderte jedoch ihre demokratisch legitimierte Regierungsbildung. Die »Front« wurde verboten, viele ihrer Anhänger begannen zusammen mit anderen militanten Gruppierungen einen blutigen Bürgerkrieg gegen das Regime und Teile der Bevölkerung, der Tausende von Opfern forderte.

Gruppen, die heute besonders durch ihren Kampf gegen Israel hervortreten, sind die »Ḥizb Allâh« (die Partei Gottes), 1982 im Libanon gegründet, sowie die »Bewegung des islamischen Widerstandes« (*Ḥarakat al-Muqâwama al-Islâmiyya*, abgekürzt *Ḥamâs*), die 1987 in Palästina entstand.

Eine der ältesten aktivistischen Gruppen ist die ägyptische Muslimbruderschaft (gegründet 1928). Sie ähnelt in ihrer Organisationsstruktur einem mystischen Orden (*ṭarîqa*), und manche ihrer Theoretiker versuchten, den Gründer Ḥasan al-Bannâ' (1906–1949) unter Verwendung eines sufischen Begriffes als »vollkommenen Scheich« zu stilisieren. Allerdings haben die Muslimbrüder andere Zielsetzungen als die Sufis. Dient der Orden in erster Linie spirituellen Zwecken und entfaltet nur unter bestimmten Umständen zusätzlich politische Aktivität, so ist politische Einflussnahme ein wichtiges Ziel der Muslimbruderschaft, die auch eine politische Partei hervorgebracht hat. Gleiches gilt für die von Abû l-Aʿlâ al-Maudûdî (1903–1979) im Jahre 1941 gegründete Jamâʿat-i islâmî, die in Pakistan und Bangladesch tätig ist.

Auf Kritik stoßen vor allem die aktivistischen Revolutionäre, welche einen Umsturz der bestehenden Ordnung in islamischen Ländern propagieren. Sie gehen davon aus, dass die meisten Muslime im Zustand der Unwissenheit (*jâhiliyya*) leben, ein Begriff, der im Allgemeinen bei der Beschreibung der vorislamischen Gesellschaft angewandt wird, welche noch keine Kenntnis der göttlichen Offenbarung besaß und nach Normen lebte, die der *sharîʿa* zuwiderliefen. Die Aktivisten sehen sich in der gleichen Situation wie der Prophet und seine Gefährten. Genau wie diese durch die *hijra* aus der mekkanischen ungläubigen Gesellschaft auszogen, isolieren sie sich von ihrer jeweiligen Gesellschaft. Sie verstehen sich als Nachfolger der *muhâjirûn*, der Muslime, welche mit dem Propheten von Mekka nach Medina übersiedelten, dort zusammen mit neuen Konvertiten aus Medina, den Helfern (*anṣâr*), eine muslimische Gemeinschaft bildeten, und dann in heftigen Kämpfen die Ungläubigen bezwangen.

Nur eine Minderheit von Aktivisten pflegt allerdings dieses Selbstbild und befindet Terror gegen Glaubensgenossen für legitim. Die Mehrheit spricht auch sündigen Gläubigen ihr Muslimsein nicht ab: Ihre Strategie der Erneuerung besteht in der Mission (*daʿwa*), in der die Menschen mit Worten und gutem Vorbild angespornt werden sollen, sich wieder ihrer Verpflichtung zum *islâm*, der Unterwerfung, mit all ihren Konsequenzen zu stellen.

Die politischen und militanten Tendenzen der Aktivisten gehen oft mit karitativem Engagement einher. Da in den meisten islamischen Ländern staatliche Sozialpolitik weitgehend ineffektiv ist, können sie dadurch große Erfolge verbuchen. Sie organisieren auf lokaler Ebene Gesundheitsfürsorge, Arbeitsvermittlung, Ausbildung bis hin zu Hilfen bei der Wohnungssuche. Auch diejenigen, welche kritisch auf die damit einhergehende Indoktrination hinweisen, bestreiten den Nutzen dieser Aktivitäten nicht.

Die Mitglieder aktivistischer Gruppen stammen aus verschiedenen Schichten, Arbeiter finden sich darunter ebenso wie Akademiker, die sich in ihrem Streben nach sozialem Aufstieg durch die herrschenden politischen und ökonomischen Bedingungen gehindert sehen.

Einen besonderen sozialen Charakter besaß die Bewegung der afghanischen Ṭâlibân – zum großen Teil junge Männer, deren Familien infolge des Krieges gegen die Sowjets in pakistanischen Flüchtlingslagern lebten. Ihrer Herkunft aus zumeist paschtunischen Dörfern entfremdet, erhielten sie ihre Ausbildung und ideologische Ausrichtung in Koranschulen, daher der Name Ṭâlibân (Religionsschüler). Mit Hilfe des pakistanischen Geheimdienstes und der USA konnten sie sich 1995 als militante Gruppe in Afghanistan etablieren und schließlich fast das ganze Land unter die Kontrolle des von ihnen errichteten Emirats bringen. Der aus Saudi-Arabien stammende Millionär Usâma ibn Lâdin profilierte sich unter ihrem Schutz als charismatische Leitfigur im Kampf gegen den Westen und stand vermutlich hinter mehreren Anschlägen, darunter auch die auf das World Trade Center und das Pentagon am 11. September 2001. Diese Attentate führten zum Angriff der NATO auf Afghanistan, der die Ṭâlibân-Herrschaft beendete.

Bei allen Aktivisten ist die Idee einer Bedrohung »des Islam« durch den Westen, vor allem durch die USA und des von ihnen geförderten Zionismus, sehr stark ausgeprägt. Ob man dies als Teil eines »Kampfes der Kulturen« verstehen soll, wie der amerikanische Politikwissenschaftler Samuel Huntington behauptete, ist umstritten. Es lässt sich etwa einwenden, dass der Palästinakonflikt keineswegs in erster Linie eine religiös-kulturelle Auseinandersetzung darstellt. Vielmehr liegt ihm die Vertreibung von Palästinensern – darunter zahlreiche Christen – aus ihrer Heimat sowie eine fortgesetzte israelische Unterdrückung zugrunde. Außerdem: Wenn es auch Muslime geben mag, die davon träumen, den Islam über die ganze Erde auszubreiten, so sind doch in der islamischen Welt keine Akteure zu erkennen, die einen solchen Kampf tatsächlich mit Erfolg führen könnten.

Pluralismus und Demokratie

Muslime weisen oft auf die dem Islam innewohnende Toleranz gegenüber anderen Religionen hin. Sicher ist dies zum Teil wohl begründet. Im Verlauf der islamischen Geschichte lebten Muslime und Nichtmuslime an vielen Orten nicht nur in gegenseitiger Duldung, sondern gingen auch enge kulturelle Beziehungen ein. Als ein Beispiel dafür lässt sich das islamische Andalusien anführen, wo Gelehrte der verschiedenen Religionen etwa auf den Gebieten der Naturwissenschaften und der Philosophie viel voneinander zu lernen wussten. Zwar gab es einige religiös begründete Wellen der Verfolgung Andersgläubiger, jedoch keine Inquisition, wie sie das christliche Europa erlebte. Somit wird von Muslimen auch gelegentlich argumentiert, dass das Toleranzprinzip im Islam eine ältere Tradition als im Westen besitzt. Es sei Teil der islamischen Rechtsordnung, welche durchaus Normen aufweise, die den modernen Menschenrechten entsprächen.

Das westliche Konzept der Menschenrechte wurde im 19. Jahrhundert in islamischen Ländern rezipiert. Die 1839 einsetzenden Reformen (*tanẓîmat*) im Osmanischen Reich umfassten Gesetze, welche Individualrechte sichern sollten; neben dem Recht auf körperliche Unversehrtheit und dem Schutz des Eigentums wurde auch die Diskriminierung nach Rasse und Sprache verboten. Die osmanische Verfassung von 1908 schrieb das Recht auf uneingeschränkte Religionsausübung fest. Die meisten muslimischen Staaten haben zwar die »Allgemeine Erklärung der Menschenrechte« vom 10. Dezember 1948 unterzeichnet, jedoch akzeptierten manche Muslime sie nicht in allen Punkten. Ihnen behagte unter anderem nicht, dass einzelne Rechte auf naturrechtlichen Erwägungen gegründet werden, und nicht auf den Koran und somit auf die Souveranität Gottes. Beispielhaft zeigte sich dies in der 1990 verabschiedeten »Kairoer Deklaration für Menschenrechte im Islam« der »Organisation der Islamischen Konferenz«, einer der bedeutenden internationalen muslimischen Verbände. Zwar lehnt sie sich in vielen Punkten eng an die »Allgemeine Erklärung der Menschenrechte« an, leitet aber etwa das Recht auf Leben und die Menschenwürde aus dem Koran ab: »Sprich: ›Kommt her, ich will verlesen, was euer Herr euch verboten hat: Ihr sollt Ihm nichts zur Seite stellen und den Eltern Güte erweisen; und ihr sollt eure Kinder nicht aus Armut töten, Wir sorgen ja für euch und für sie. Ihr sollt euch nicht den Schändlichkeiten nähern, seien sie offenkundig oder verborgen; und ihr sollt niemanden töten, dessen Leben Allah unverletzlich gemacht hat, außer wenn dies gemäß dem Recht geschieht. Das ist es, was Er euch geboten hat, auf daß ihr es begreifen möget.‹« (6:151)

In Bezug auf die Gleichheit von Frauen und Männern wird festgestellt, dass sie zwar die gleiche Würde besitzen, nicht aber gleiche Rechte. Problematisch in der Menschenrechtsdebatte ist auch das Verbot für Muslime, die Religion zu wechseln. Theoretisch wird damit die Religionsfreiheit entschieden beschränkt, allerdings gibt es muslimische Stimmen, die aus dem Apostasieverbot keine weltlichen rechtlichen Sanktionen ableiten wollen. Der Abtrünnige werde erst im Jenseits durch Gott bestraft.

Nun ist die Beachtung der wie auch immer bestimmten Menschenrechte eng mit spezifischen historischen Umständen verknüpft, vor allem auch mit den politischen Strategien der jeweils Herrschenden. Es gilt also zwischen geschriebenem Recht und gesellschaftlicher Wirklichkeit zu unterscheiden. In gegenwärtigen islamischen Staaten herrschen zumeist Diktaturen, die oft den Menschenrechten wenig Beachtung schenken, wenn sie sich auch offiziell dazu bekennen. Zwar existieren in den meisten Ländern Verfassungen, aber eine effektive Beschränkung autokratischer Herrschaft garantieren sie nicht unbedingt. So wird schon seit längerem in der islamischen Welt über die Möglichkeiten zur Schaffung einer »Zivilgesellschaft« diskutiert. Dieser vielschichtige Begriff umfasst unter anderem alle die gesellschaftlichen Kräfte und Verbände, welche relativ autonom, also frei von staatlichem Einfluss operieren; das mögen Berufsverbände sein, Gewerkschaften wie auch Frauenrechtsgruppen oder Vereine zum Schutz der Menschenrechte. Zwar operieren in muslimischen Ländern Vereinigungen dieser Art; viele Vertreter des Gedankens der Zivilgesellschaft betonen aber, dass diese nur im Rahmen einer demokratischen Ordnung wirklich funktionieren kann. Sie beklagen, dass es meist an Schutz von Meinungs- und Versammlungsfreiheit mangelt; viele Verbände stehen unter strenger staatlicher Aufsicht und werden aufgrund nicht gern gesehener Aktivitäten verfolgt. Als Opposition zu den meist nationalistisch ausgerichteten Despotien besitzen oft allein die islamischen Aktivisten eine gewisse Effektivität und könnten insofern als die eigentlichen Vertreter der Zivilgesellschaft gelten. Allerdings lehnen sie zumeist Demokratie, Menschenrechte in westlicher Tradition und das westlich inspirierte Freiheitskonzept ab. Ein alternatives Islamverständnis wird als Ketzerei gebrandmarkt und jegliche pluralistische Debatte unterbunden. Ob sich die Vertreter einer demokratischen Zivilgesellschaft durchsetzen können, ist derzeit noch völlig offen.

Krieg und Frieden

Angesichts der Bestürzung über Terrorakte muslimischer aktivistischer Gruppen betonen Vertreter islamischer Verbände oft den grundsätzlich friedlichen Charakter des Islam. Wenn die Attentäter ihre Akte als *jihâd,* als legitimen Kampf gegen Ungläubige deklarieren, so weisen andere Muslime darauf hin, dass *jihâd* in der Grundbedeutung »Anstrengung« heißt. Sie kann sich als Kampf mit der Waffe zeigen, wird jedoch in dieser Form als »kleiner *jihâd*« der inneren Anstrengung des Gläubigen bei der Hingabe an Gott untergeordnet, welche man als den »größeren *jihâd*« bezeichnet.

Jedoch erscheint es wichtig, auch die Aussagen derjenigen Muslime begreifen zu können, für welche der gewaltsame *jihâd* eine aktuelle rechtlich-moralische Forderung darstellt. Zu leugnen, dass auch sie im Koran und anderen islamischen Quellen Belege für ihre Haltung finden können, dürfte wenig zum Verständnis des gegenwärtigen Islam beitragen. Vielmehr gilt es die Frage zu betrachten, in welchem Verhältnis Frieden und Krieg in verschiedenen islamischen Rechtsauffassungen und unter verschiedenen historischen Umständen stehen.

Frieden wird von vielen muslimischen Theoretikern nicht als bloße Abwesenheit von Krieg oder Konflikt gesehen, sondern eng mit dem Bestehen einer gerechten Ordnung verknüpft. Da es diese grundsätzlich nur in der islamischen *umma* gibt, ist die Existenz von nichtislamischen Gesellschaften oder gar die Herrschaft von Nichtmuslimen über Muslime ungerecht und nicht als Frieden zu bewerten. In der Frühzeit sprachen die Gelehrten von einer Aufteilung der Welt in das »Haus des Islam« (*dâr al-islâm*) und das »Haus des Krieges« (*dâr al-ḥarb*) – die Länder, in denen Ungläubige herrschen und die es unter muslimische Herrschaft zu bringen galt, um ihnen Gerechtigkeit und Frieden zu bringen.

Ein Problem bei der Interpretation der koranischen Aussagen zu Krieg und Frieden besteht für die Exegeten darin, scheinbare Widersprüche auszuräumen. Wie ist es zu verstehen, dass einige Verse zu gewaltlosen Beziehungen zu Ungläubigen aufrufen, während andere ihre Bekämpfung unter allen Umständen fordern? So heißt es in Sure 4:90 zum Verhalten der Muslime gegen die Heiden: »Wenn sie sich von euch fernhalten und nicht gegen euch kämpfen, sondern euch Frieden bieten; dann hat Allâh euch keinen Grund gegen sie gegeben.« Ein anderer Vers sagt: »Und kämpft auf dem Weg Allâhs gegen diejenigen, die gegen euch kämpfen.« (2:190) Schließlich erklärt der ›Schwertvers‹: »Tötet die Götzendiener, wo immer ihr sie findet, und ergreift sie und belagert sie und lauert ihnen aus jedem Hinterhalt auf.« (9:5)

Die hier zu erkennenden Differenzen werden folgendermaßen erklärt: In der mekkanischen Phase stand für den Propheten und die junge islamische Gemeinschaft die Predigt und Überzeugungsarbeit im Vordergrund. Wenn die Mekkaner sich verweigerten, konnten die Muslime aufgrund ihrer geringen Zahl nichts dagegen tun. Erst in Medina kam es zu bewaffneten Konflikten. Die Offenbarungen rufen die Muslime zunächst allein zur Verteidigung auf, später dann auch zur Offensive. Das Ziel war die Zwangsbekehrung der Heiden, während Juden und Christen sich lediglich muslimischer Herrschaft unterwerfen und eine Sondersteuer (*jizya*) zahlen mussten, um als »Schutzbefohlene« (*dhimmîs*) der Muslime anerkannt zu werden. Die Verse des Koran, welche eine Duldung nichtmuslimischer Herrschaftsbereiche nahe legen, galten durch den ›Schwertvers‹, Sure 9:5, als aufgehoben.

Für die frühen muslimischen Juristen war *jihâd* vor allem offensiver Kampf gegen Ungläubige, der jedoch nicht mit allen Mitteln geführt werden durfte. Vor einem Angriff mussten die Gegner aufgerufen werden, sich zum Islam zu bekennen oder es musste ihnen zumindest die Gelegenheit gegeben werden, die Herrschaft der Muslime zu akzeptieren und sich zur Zahlung der *jizya* zu verpflichten. Erst bei einer Weigerung der Ungläubigen durfte der Angriff erfolgen. Frauen und Kinder dürfen die *mujâhidûn* (die den *jihâd* führen) nicht töten, zumindest nicht absichtlich. Eine Bedingung für den *jihâd* ist auch die Führung durch einen rechtmäßigen Imâm. Die Schiiten, die ihren Imâm in der Verborgenheit wähnten, gelangten zu der Überzeugung, dass der *jihâd* überhaupt nicht erlaubt ist. Im sunnitischen Islam hingegen nahmen viele Herrscher den *jihâd*-Gedanken auf.

Außer dem irakischen Präsidenten Ṣaddâm Ḥusain im Golfkrieg von 1990 bediente sich jedoch kein gegenwärtiger muslimischer Staatschef dieses Propagandamittels.

Jihâd-Aufrufe ergingen hingegen von Gelehrten und militanten Aktivistengruppen, zum Beispiel in den 1940ern im Palästinakonflikt gegen Israel, aber auch gegen – angeblich – vom Glauben abgefallene Muslime wie den ägyptischen Präsidenten Anwar as-Sâdât, der im Jahre 1981 von einer Gruppe namens »Jihâd« ermordet wurde. Ihre Begründung lautete, dass in diesem Fall der Einsatz von Gewalt kein Verbrechen sei, sondern *sunna*, Befolgung der vorbildhaften Praxis des Propheten. Ein Herrscher, der die Normen der *sharî^c^a* verletzte, sei Ungläubiger. Er könne, ja müsse getötet werden, lautete die These der Attentäter. As-Sâdât habe sich durch den Friedensschluss mit dem »Feind des Islam« Israel im Camp David-Vertrag von 1979 schuldig gemacht.

Viele Aktivisten betonen, dass ihr *jihâd* nicht Angriff ist, sondern ein Akt der Verteidigung gegen Ungläubige, gegen Imperialismus, Zionismus und vor allem die USA. Sie sehen sich als Opfer eines modernen Kreuzzugs, dem es nach dem Vorbild des ayyûbidischen Herrschers Ṣalâḥ ad-Dîn (Saladin, regierte 1169–1193), dem Helden des Abwehrkampfes gegen die christlichen Kreuzfahrer, Widerstand zu leisten gilt. Die Schwerpunktverlagerung in der Betrachtung des *jihâd*, von offensivem zu defensivem Kampf, erfolgte zur Zeit des Kolonialismus. Zum einen stand dahinter die politische Situation der Muslime, welche sich in der Tat als Angegriffene sehen mussten. Zum anderen ging es um Apologetik: Einige muslimische Modernisten versuchten, den Islam gegen die westlichen Vorwürfe zu verteidigen, eine aggressive Religion zu sein. Zur Begründung ihres *jihâd*-Konzeptes entwickelten sie eine Interpretation des Koran, welche sich von der der früheren Juristen unterscheidet. Haben nach deren Auffassung die zur Offensive aufrufenden, relativ spät offenbarten Verse alle anderslautenden früheren Verse aufgehoben, so vertrat man nun die These, dass alle Verse gültig seien. Die grundsätzliche Haltung der Muslime zu Andersgläubigen sei in den frühen Versen dargelegt. Die koranischen Aufrufe zum Kampf hingegen seien eine Reaktion auf die Ausnahmesituation des Angriffs der Ungläubigen auf Muslime. In Einklang mit dieser Neuformulierung des *jihâd*-Konzepts steht die Idee, dass die normale Beziehung zwischen muslimischen und nichtmuslimischen Staaten in der Gegenwart das gewaltlose Miteinander ist, dass also die Trennung der Welt in *dâr al-islâm* und *dâr al-ḥarb* nicht mehr besteht.

Die Aufforderung zur Unterwerfung der Monotheisten (9:29) habe, so sagen Modernisten, nur für die Juden und Christen in Medina gegolten, welche den Bestand der *umma* bedrohten, indem sie mit den Mekkanern paktierten. Auch die geforderte Zahlung einer Sondersteuer betreffe keineswegs alle Monotheisten. Tatsächlich haben die islamischen Länder der Gegenwart im Allgemeinen rechtlich ihre muslimischen und nichtmuslimischen Bürger gleichgestellt. Juden und Christen werden nicht mehr als *dhimmîs* betrachtet und müssen die *jizya*-Steuer nicht mehr entrichten. Eine Begründung der Juristen für diese Reform besteht darin, dass die *jizya*-Pflicht nur für die Situation galt, in der allein Muslime militärische Pflichten übernahmen und damit auch den Nichtmuslimen unter ihrer Herrschaft Schutz gewährleisteten. Wenn hingegen, wie etwa im Osmanischen Reich seit Mitte des 19. Jahrhunderts und später auch in anderen Staaten der islamischen Welt, auch Nichtmuslime Militärdienst leisten, entfällt die Grundlage für die *jizya*.

Die Beziehungen zwischen Muslimen, Juden und Christen in islamischen Ländern sind dennoch auch heute nicht spannungsfrei. Im Zuge des Palästinakonfliktes haben viele Juden ihre Heimat in Ländern wie dem Jemen, dem Iran oder Marokko, die traditionell starke jüdische Gemeinden besaßen, verlassen. In den letzten Jahren ist auch eine zunehmende Emigration von Christen aus dem Vorderen Orient festzustellen, die nicht allein von den schwierigen ökonomischen Verhältnissen herrührt, sondern auch von Übergriffen islamisch-aktivistischer Gruppen. Nichtsdestoweniger ist zu betonen, dass die meisten Muslime Gewaltanwendung sowohl im heimischen gesellschaftlichen Alltag als auch auf internationaler und zwischenstaatlicher Ebene ablehnen.

Traditionen des Bildungswesens

Als goldene Zeit ihrer Geschichte gilt vielen Muslimen die Epoche zwischen dem 8. und 12. Jahrhundert, als unter den Kalifaten der Umayyaden, der ʿAbbâsiden und der Fâṭimiden im Osten sowie verschiedener Dynastien im islamischen Spanien die islamische Welt einen großen kulturellen Vorsprung vor Europa besaß. Durch arabische Übersetzungen aus den antiken und spätantiken Texten eigneten sich die Muslime große Teile des griechischen Kulturerbes an. Im 12. Jahrhundert übersetzten dann die Europäer die arabischen Werke ins Lateinische und setzten sich intensiv mit ihnen auseinander.

Setzte damit in Europa ein Prozess des kulturellen Fortschritts ein, so nahm die kulturelle Dynamik in der islamischen Welt in den folgenden Jahrhunderten weitgehend ab. Es besteht eine gewisse Einigkeit unter Muslimen und westlichen Orientforschern darüber, dass die Zeit etwa vom 13. bis zum 18. Jahrhundert von Stagnation, sogar Verfall der islamischen Kultur gekennzeichnet war. Erst unter europäischem Einfluss zeichnete sich im 19. Jahrhundert eine Renaissance (*nahḍa*) ab. Bis heute wird diskutiert über die Gründe für die so beschriebene Entwicklung: Waren etwa äußere Umstände wie die mongolische Invasion Mitte des 13. Jahrhunderts und die damit einhergehende Zerstörung zahlreicher kultureller Zentren des östlichen Islam verantwortlich für die vermeintliche Stagnation? Oder erlaubte das islamische Recht keinen sozialen Wandel und vernichtete der islamische Traditionalismus die Ansätze zur Modernisierung? Eindeutige Antworten gibt es nicht.

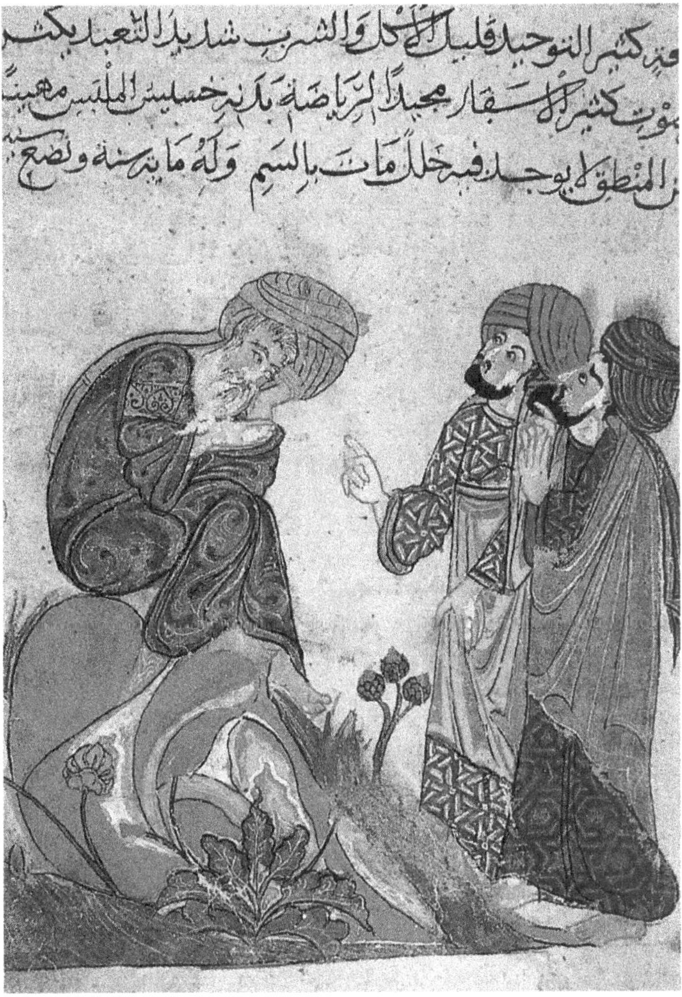

Die Philosophen der griechischen Antike galten auch Muslimen als Autorität: Auf dieser Illustration einer arabischen Handschrift aus dem 13. Jahrhundert diskutiert Sokrates mit seinen Schülern.

Derzeit findet eine Neubewertung der islamischen Kulturgeschichte statt, scheint es doch schwer nachvollziehbar, dass mehrere Jahrhunderte nahezu Stillstand geherrscht haben soll. Die Frage stellt sich, ob nicht die Abwertung der Zeit vor dem 19. Jahrhundert kolonialer Ideologie entsprang, welche die islamischen Länder für rückständig befand und damit die »zivilisatorische Mission« Europas begründete. Tatsächlich liegen in den Bibliotheken islamischer Länder und im Westen zahlreiche Handschriften aus der »Verfallszeit«, die bisher kaum erforscht worden sind.

Wenn auch die These von der kulturellen Stagnation zumindest in Teilen revidiert werden muss, so lässt sich nicht übersehen, dass das kulturelle Beharrungsvermögen islamischer Gesellschaften über Jahrhunderte groß war und alte Traditionen sich nur langsam veränderten. Das Überliefern von bestehendem Wissen machte seit jeher einen wesentlichen Aspekt islamischen Bildungswesens aus. Texte wurden immer wieder von neuen Schülergenerationen auswendig gelernt. Die Lehrer versahen sie mit Kommentaren, die dann in eigenen Werken erschienen und oft ihrerseits Gegenstand von Kommentaren wurden. Nicht nur Rechtsgelehrte, auch Theologen und Mystiker begründeten ihre Aussagen vor allem mit Zitaten aus älteren Texten, während die freie Argumentation nur zögernd angewandt wurde.

Vor allem in früherer Zeit dienten Moscheen dem Unterricht in den islamischen Wissenschaften. Aber auch heute sieht man in Moscheen noch Gruppen von Schülern um einen Lehrer versammelt. Seit dem 9. Jahrhundert entstand allerdings als gesonderte Lehrstätte die Medrese (*madrasa*), die oft auch Wohnraum für die Schüler bot. Die 972 in Kairo eröffnete Azhar (»die Leuchtende«) ist Moschee und *madrasa* zugleich, wie auch in anderen Fällen Ritual und Unterricht räumlich eng beieinander liegen. In den Medresen lernte ein angehender Gelehrter ein Werk bei seinem Lehrer kennen und erhielt dafür ein Zeugnis, das ihn berechtigte, seinerseits den

Text weiterzugeben. Auf diese Weise bildeten sich lange Überlieferungsketten, ähnlich denen der Tradenten der Nachrichten über den Propheten. Wichtig war, dass der Lehrer sein Wissen in direktem Kontakt mit dem Schüler mündlich vermittelte. Allein die Lektüre eines Textes legitimierte noch nicht zur Weitergabe. Unter anderem mit dem Hinweis auf dieses Prinzip behinderten Gelehrte lange Zeit die Einführung des Buchdruckes und der damit verbundenen massenhaften Weiterverbreitung von Wissen. Die erste von Muslimen geführte, langfristig tätige Druckerei im Vorderen Orient entstand erst im Jahre 1821 in Ägypten.

Seit dem 19. Jahrhundert wurde in den muslimischen Ländern das Bildungswesen tiefgreifend reformiert und weitgehend an westliche Standards angepasst – eine Entwicklung, derer sich auch altehrwürdigen Institutionen wie die Azhar nicht entzogen. Zwar werden traditionelle Fächer des islamischen Bildungskanons weiterhin unterrichtet, die meisten Studenten wählen aber die neu eingerichteten Fakultäten mit modernen Lehrinhalten. Neue Stätten der Bildung gestaltete man hingegen von Anfang an nach westlichen Vorbildern. Sie unterscheiden sich nicht wesentlich von europäischen Schulen.

Wissenschaft

Seit dem 19. Jahrhundert riefen muslimische Intellektuelle ihre Glaubensgenossen dazu auf, sich die als erfolgreich befundenen westlichen Naturwissenschaften und Techniken anzueignen. Auf diese Weise könnten die Muslime ihre Unterlegenheit gegenüber dem Westen, welche der Kolonialismus besonders drastisch vor Augen geführt hatte, überwinden. Die Aufrufe fanden weitgehend Gehör, und gegenwärtig werden in allen muslimischen Ländern die (westlichen) Naturwissenschaften gelehrt. Viele Muslime empfinden allerdings die weltweite Dominanz westlicher Wissenschaft als eine gravierende Gefahr für ihre kulturelle Eigenständigkeit. Sie beklagen etwa die Dominanz des Englischen und Französischen im Wissenschaftsbetrieb islamischer Länder, während einheimische Sprachen sowohl in Lehrbüchern als auch im Unterricht kaum verwendet werden. Der brain drain, die Abwanderung muslimischer Forscher nach dem Westen, sowie die Abhängigkeit von westlicher Technologie mache die islamischen Länder zum Verlierer der Globalisierung.

Es mag als Kompensation eines Unterlegenheitsgefühls gewertet werden, wenn manche Muslime darauf verweisen, dass die islamischen Länder bis zum Mittelalter Europa in den Wissenschaften weit voraus waren. Jedenfalls wird in diesen Kreisen nicht ein Bruch mit der Tradition, sondern der verstärkte Bezug zu den eigenen Wurzeln propagiert. Die Adaption von westlichen Errungenschaften sei nur eine Wiederinbesitznahme eigener Tradition.

Im Gegensatz zur Auffassung, nach der die modernen Wissenschaften ihre Wurzeln in der Antike haben, entstand die These, dass alle naturwissenschaftlichen Erkenntnisse in irgendeiner Form im Koran enthalten sind, also göttlicher Offenbarung entstammen. Gott habe Hinweise auf erst in der Zukunft realisierte Techniken – zum Beispiel die Raumfahrt – gegeben. Viele Muslime halten dieses Denken für oberflächliche Apologetik. Sie argumentieren, dass die scheinbar wertfreie westliche Wissenschaft auf theoretischen Grundannahmen aufbaut, welche mit dem Islam nicht vereinbar sind. Sie sei reduktionistisch, d.h. sie lasse nur diejenigen Kenntnisse gelten, welche durch Beobachtung zu erlangen seien. Sie verstehe die Welt als eine Art von autonomer Maschine und übersehe dabei den göttlichen Willen, der hinter den Erscheinungen stehe. Der einflussreiche iranisch-amerikanische Wissenschaftler Sayyid H. Nasr (geb. 1933) gibt zu bedenken, dass ein großer Teil des Seins allein mystischer Intuition zugänglich ist, welche für die westliche Wissenschaft keine legitime Methode darstellt.

Zwar mögen sich muslimische Kritiker westlicher Wissenschaft mit einigen ihrer westlichen Kritiker in manchen Punkten treffen: Im

Zeichen einer Postmoderne, die für einen über den Mainstream westlicher Wissenschaft hinausgehenden Pluralismus plädiert, könnten muslimische Ansätze vielleicht Interesse erwecken. Allerdings steht dagegen auf muslimischer Seite oft die Ablehnung dieses Pluralismus zugunsten einer postulierten Einheit des Wissens, oder einfacher gesagt die Idee, dass sie allein immer Recht haben. Stärkere Übereinstimmung dürfte wohl im Bereich wissenschaftsethischer Überlegungen bestehen. Wenn Muslime argumentieren, dass in der Wissenschaft und ihrer Anwendung dort eine Grenze zu ziehen ist, wo Menschen die Schöpfung zerstören, so entspricht das christlicher und säkularer westlicher Ethik durchaus.

Wirtschaft

Westliche Besucher islamischer Länder sind oft fasziniert von den Märkten in den Altstädten. Im Zentrum des Marktes (arabisch *sûq*, persisch *bâzâr*) liegt meist die große Freitagsmoschee, Mittelpunkt des religiösen und gesellschaftlichen Lebens der Altstadt. In der Nähe der Moschee befinden sich die Geschäfte traditionell besonders angesehener Gewerbe wie etwa Buchhandlungen und Parfümläden. Am weitesten entfernt davon sind die Betriebe angesiedelt, welche schmutzige und geruchsintensive Arbeiten durchführen, Gerbereien etwa oder kleine Autowerkstätten. Die Läden der jeweiligen Gewerbezweige liegen meist nebeneinander; so gibt es die Gasse der Stoffhändler, der Lederarbeiter usw. Der Bereich des Schmuckmarktes wird gelegentlich durch eigene Tore gesichert, die bewacht und nachts geschlossen werden. Die Wohnhäuser liegen abseits der Geschäftsstraßen.

Der bedeutendere Sektor der Ökonomie islamischer Länder konzentriert sich allerdings heute in den Neustädten, die sich äußerlich kaum von westlichen Städten unterscheiden. Das gilt sowohl für alle Wohn- als auch für die Geschäftsviertel, wo die großen Banken,

Im- und Exportbetriebe und Ministerien für Wirtschaft und Handel liegen.

Wie kaum ein anderer gesellschaftlicher Bereich der islamischen Welt hat sich die Wirtschaft weltweiten Standards angepasst. Die *sharīʿa* wurde meist gänzlich zugunsten europäischer Rechtsnormen aus den Wirtschaftgesetzgebungen verbannt. So erscheint es unangemessen, Wirtschaft in der islamischen Welt unter der Fragestellung betrachten zu wollen, welche Rolle »der Islam« darin spielt. Andererseits wird die Beziehung zwischen Islam und Wirtschaft derzeit von Muslimen zunehmend diskutiert; ein der *sharīʿa* gemäßes Wirtschaften ist ein Thema, das viele Gläubige beschäftigt.

Islamische Ethik sieht wirtschaftliche Tätigkeit grundsätzlich als positiv an. Muslime verweisen als Vorbild auch in diesem Gebiet auf den Propheten, der wie viele andere Mekkaner ein Händler war. Auch die frühe islamische Geschichte kann als Indiz für die wirtschaftsfreundliche Haltung des Islam angesehen werden. Die Expansion muslimischer Herrschaft seit dem 7. Jahrhundert führte nämlich auch zu einem ökonomischen Aufschwung: Alte Handelswege wurden übernommen, neue ausgebaut. Es entstand ein großer Wirtschaftsraum von China bis zum Atlantik, in dem Gewerbe und Landwirtschaft viele Impulse zur Fortentwicklung erhielten. Allerdings kann man sagen, dass die islamischen Länder die Herausbildung eines modernen Kapitalismus, wie er in Europa etwa ab dem 16. Jahrhundert entstand und großen Erfolg hatte, nicht zur gleichen Zeit vollzogen haben und im Sinne weltwirtschaftlicher Standards unterentwickelt sind.

Viele Muslime überlegten, wie ihre Wirtschaft gestärkt werden könne. In den 1940er bis 60er Jahren wurde intensiv über einen »islamischen Sozialismus« diskutiert, welcher eine Verbindung von ökonomischer Effektivität mit sozialer Gerechtigkeit zu ermöglichen versprach. Es war die Phase, als gute Kontakte zu sozialistischen Staaten bestanden. Südjemen und Somalia wurden weitgehend sow-

Bank in Jiddah, Saudi-Arabien

jetisiert, während andere Länder zwar gute Beziehungen zur Sowjetunion pflegten (Syrien, Ägypten, Irak, Algerien), aber einen »Dritten Weg« suchten, der zwischen den Blöcken des Kapitalismus und des real existierenden Sozialismus verlief. Das Ergebnis fiel allerdings enttäuschend aus.

Die Gegenwart bestimmt die westlich geprägte ökonomische Globalisierung. In deren Rahmen konnte ein weitgehend islamisches Land wie Malaysia zeitweise große wirtschaftliche Erfolge verbuchen; ja es schien bis zur Asienkrise, als ob Malaysia – zusammen mit anderen südostasiatischen Ländern – dem Westen den Rang ablaufen könnte. Regierungsvertreter führten dies unter anderem auf ihr Programm der Islamisierung zurück. Sie sahen darin den Nachweis, dass die islamische Wirtschaft nicht nur ethisch höher stehe als die westliche, sondern ihr auch ökonomisch überlegen sein könne.

Allerdings wurde weder in Malaysia noch in anderen Ländern, die ähnliche Wege gingen, die ganze Wirtschaft islamisiert. Besonderes Augenmerk galt vielmehr dem Bankwesen. Viele Muslime wickeln ihre Geschäfte bei kapitalistischen Instituten ab, häufig auch im Ausland. Anderen erscheint dies fragwürdig, weil sie damit gegen das Zinsverbot verstoßen, das aus einigen Versen des Koran hervorgeht. »Diejenigen, die Zinsen (*ribâ*) verschlingen, sollen nicht anders dastehen als wie einer, der vom Satan erfaßt und zum Wahnsinn getrieben wird. Dies (soll so sein,) weil sie sagen: ›Handel ist dasselbe wie Zinsnehmen.‹ Doch Allâh hat den Handel erlaubt und das Zinsnehmen verboten.« (2:275) Die Gelehrten waren sich nie einig darüber, ob der hier gebrauchte Begriff *ribâ* Wucher oder Zins im Allgemeinen meint. Die Tendenz geht jedoch zur Ablehnung aller Art von Zinsen. Nun gab es immer Wege, dieses Verbot zu umgehen. Etwa durch Scheinverkäufe von Waren, die dann nach vereinbarter Zeit zu einem höheren Preis zurückgekauft werden, wobei die Differenz die Funktion des Zins einnimmt. Die moralische Zweifelhaftigkeit solcher Praktiken führte zu Überlegungen, wie das Zinsverbot durch die Gründung islamischer Banken ohne solche Tricks eingehalten werden kann. Diese Institute setzen an die Stelle von Zinsen verschiedene Formen von Gewinnbeteiligung. Neben Aktien oder Aktienfonds, deren Wert an den Erfolg des Unternehmens gekoppelt ist, können auch Sparkonten eingerichtet werden, die am Gewinn der Bank beteiligt sind.

Manche islamische Theoretiker wenden sich gegen die einseitige Betonung des Zinsverbots im Rahmen der gegenwärtigen Versuche zur Islamisierung der Wirtschaft. Sie stellen als Basis islamischer Wirtschaft das Prinzip der Mäßigung heraus, indem sie sich auf Vers 17:26 berufen: »Und gib dem Verwandten, was ihm gebührt, und ebenso dem Armen und dem Sohn des Weges, aber sei (dabei) nicht ausgesprochen verschwenderisch.« Der Vers fordert auch zur Freigiebigkeit gegen Bedürftige auf – ein weiteres Prinzip islamischer Wirtschaft, das in neuer islamischer ökonomischer Terminologie »distributive Gerechtigkeit« heißt. Danach müsse vor allem der Pflicht zum Almosengeben als Mittel gegen ungehemmtes Gewinnstreben des Einzelnen eine wichtige Rolle in der Wirtschaftsordnung zugesprochen werden. In moderne islamische Wirtschaftssprache übersetzt, gewährleistet das Almosenprinzip »Wachstum mit Gleichheit«. Entgegen der zunehmenden Ungleichverteilung von Reichtum in Entwicklungsländern, so wird argumentiert, habe etwa das islamische Indonesien durch Anwendung dieser Regel die Armutsrate drastisch gesenkt. Obwohl das südostasiatische »Wirtschaftswunder« auch große Schwachpunkte aufwies, dürfte die innerislamische Suche nach einer moralisch korrekten Wirtschaftsordnung dadurch nicht langfristig behindert werden.

Historische Koranexegese

In seiner 1947 eingereichten Dissertation über die »Erzählkunst im Koran« schrieb der ägyptische Literaturwissenschaftler Muḥammad

Aḥmad Khalafallâh, dass etliche historische Erzählungen in der Offenbarungsschrift nicht Tatsachenberichte seien. Sie dienten vielmehr der religiösen Erbauung. Bald darauf wurde er aus der Universität mit der Begründung verwiesen, die absolute Gültigkeit der göttlichen Offenbarungen geleugnet zu haben. Eine historisch-kritische Betrachtung des Koran war damals ebenso wenig angesehen wie heute, obwohl auch andere Muslime Ansätze dazu unternommen haben. Khalafallâhs Lehrer Amîn al-Khûlî erklärte: Da der Koran den Arabern des 7. Jahrhunderts offenbart worden ist, muss man, um ihn zu verstehen, den entsprechenden historischen Kontext bei der Interpretation berücksichtigen. Er trat deswegen für ein historisch-kritisches Studium des Koran ein.

Dagegen wurde eingewendet, dass der Koran ewig ist und somit keinen spezifischen historischen Kontext besitzt. Allerdings können sich historisch-kritisch ausgerichtete Interpreten auf die schon alte Wissenschaft von den »Anlässen der Offenbarung« (*asbâb an-nuzûl*) berufen, welche der Entwicklung der Offenbarung im historischen Ablauf Rechnung trug. Darauf baute wiederum die Analyse des »Aufhebenden und des Aufgehobenen« (*an-nâsikh wa-l-mansûkh*) auf, die sich mit Widersprüchen zwischen etlichen Versen befasst und zu klären versucht, welche Fassung die letztlich gültige darstellt. Nicht alle Gelehrten sind aber bereit anzuerkennen, dass Gott etwas offenbarte, was er dann zurücknahm, obwohl der folgende Vers genau darauf hinzudeuten scheint: »Wenn Wir einen Vers aufheben oder der Vergessenheit anheimfallen lassen, so bringen Wir einen besseren als sie oder einen gleichwertigen hervor. Weißt du denn nicht, daß Allâh Macht über alle Dinge hat?« (2:106) Wird damit von einigen die Aufhebung von Versen der Offenbarung begründet, so wenden Kritiker ein, dass mit den »aufgehobenen Versen« Stücke aus der Bibel gemeint sind, nicht etwa Koranverse.

Einige muslimische Intellektuelle sehen die Debatte um die »Aufhebung« als scholastische Spitzfindigkeit an, welche keine zeitgemäße Koraninterpretation ermögliche. Es gelte, über solche traditionellen Ansätze hinauszugehen und einen radikalen Neuanfang in der Koraninterpretation zu suchen. So sollen allein die Normen, welche die *ʿibâdât*, die kultischen Pflichten des Gebets etc., betreffen, als ewig gültig betrachtet werden. Die Normen des gesellschaftlichen Zusammenlebens (*muʿâmalât*) seien hingegen vollständig nur für die Situation Arabiens im 7. Jahrhundert gültig gewesen. Denn hier, so die Argumentation, ergaben sich »die Gründe der Offenbarung«, von denen heute viele nicht mehr vorliegen. Zum Beispiel war es eine Konzession an die altarabischen Sitten, wenn der Koran grundsätzlich die Sklaverei akzeptiert und lediglich in einigen Punkten zu einer Milderung dieser Praxis aufruft (z. B. 4:36). Tatsächlich bestand das Ziel in der gänzlichen Abschaffung der als moralisch falsch empfundenen Sklaverei, was aber im 7. Jahrhundert noch nicht durchführbar war.

Die Frage bei dieser Betrachtung ist allerdings die, wie im Korantext zwischen einer immer gültigen Regel und einer historisch kontingenten unterschieden werden kann. Im Grunde, so lautet eine Antwort, ist diese Unterscheidung nicht endgültig zu treffen, sondern hängt weitgehend vom Standpunkt des Interpreten ab. Der ägyptische Literaturwissenschaftler und Koranforscher Naṣr Ḥâmid Abû Zaid erklärte, dass erst durch den Akt des Lesens Gottes Wort zum Leben erwacht. Sein Interesse als Forscher gilt deshalb nicht dem Sprecher des Koran (Gott), sondern dem Empfänger (Mensch). Da nun die Lektüre in verschiedenen historischen und sozialen Zusammenhängen stattfindet, fällt sie immer wieder anders aus. Seine Koranstudien trugen Abû Zaid Angriffe wegen Blasphemie ein. Wie Abû Zaid gehören viele Neuinterpreten nicht zum etablierten Gelehrtentum; etliche von ihnen leben im Westen, und ihre Werke werden in der islamischen Welt kaum rezipiert. Somit erscheint es fraglich, ob die historisch-kritische Exegese sich in absehbarer Zeit durchsetzen wird.

Die Stellung der Frau im Koran

Muslime und westliche Beobachter führen in Diskussionen oft Zitate aus dem Koran an, um ihre jeweiligen Auffassungen über den Islam zu belegen. Allerdings muss bedacht werden, dass der Offenbarungstext verschiedene Interpretationen zulässt. Das liegt zu einem guten Teil an der Sprache des Koran. Die arabischen Formulierungen, die den Zeitgenossen des Propheten geläufig und aus der damaligen Situation heraus verständlich waren, geben späteren Muslimen oft Rätsel auf. Probleme der Interpretation des Korantextes zeigen sich in Übersetzungen, wie anhand des heute vieldiskutierten 34. Verses der vierten Sure.

In dieser Sure mit dem Titel »Die Frauen« heißt es in der deutschen, von Orientalisten als maßgeblich anerkannten Wiedergabe von Rudi Paret: »Die Männer stehen über den Frauen, weil Gott sie (von Natur vor diesen) ausgezeichnet hat und wegen der Ausgaben, die sie von ihrem Vermögen (als Morgengabe für die Frauen?) gemacht haben. Und die rechtschaffenen Frauen sind (Gott) demütig ergeben und geben acht auf das, was (den Außenstehenden) verborgen ist, weil Gott (darauf) acht gibt (d. h. weil Gott darum besorgt ist, daß es nicht an die Öffentlichkeit kommt). Und wenn ihr fürchtet, daß (irgendwelche) Frauen sich auflehnen, dann vermahnt sie, meidet sie im Ehebett und schlagt sie! Wenn sie euch (daraufhin wieder) gehorchen, dann unternehmt (weiter) nichts gegen sie! Gott ist erhaben und groß.«

Diese Übersetzung – die Einfügungen in Klammern stammen von Paret – enthält einen Gutteil an Interpretation. Der Mann erscheint danach der Frau generell, »von Natur«, übergeordnet, was der bei früheren Korankommentatoren und zahlreichen heutigen Muslimen gängigen Sichtweise entspricht. Vers 4:34 wird oft angeführt, um die These einer gottgewollten Ungleichheit zwischen Mann und Frau zu stützen; er hat jedoch auch andere Deutungen gefunden. Einige

Interpreten zweifeln, ob tatsächlich gemeint ist, dass die Männer »über den Frauen stehen«. So wurde eingewendet, dass das arabische Original zwar bedeuten könne: »über den Frauen stehen«, aber auch »aufstehen vor den Frauen«. Der sudanesische Aktivist Ḥasan at-Turâbî (geb. 1930) interpretierte sogar: »Der Mann muss aufstehen, um seiner Frau zu dienen.« Für den Ägypter Sayyid Quṭb (1906–1966), dessen Bücher unter Aktivisten noch immer sehr einflussreich sind, belegt dieser Vers zwar, dass der Mann der Frau übergeordnet sei, dies gelte aber nur innerhalb der Familie, keineswegs allgemein: Nicht Über- und Unterordnung solle das Verhältnis zwischen den Ehepartnern bestimmen, sondern Liebe und Gnade.

Die muslimische Rechtswissenschaftlerin Shaheen Sardar Ali geht noch weiter: Dass der Mann wirtschaftlich für die Familie sorgt, war zwar zur Zeit der Offenbarung üblich, aber in der Gegenwart ist es oft die Frau, deren Arbeit die Familie erhält, während der Mann zu Hause bleibt. Im Grunde müsste dann die Hierarchie der Geschlechter genau umgekehrt sein.

Parets Übersetzung legt nahe, dass in Vers 4:34 die Strafen für Ungehorsam der Frau – Mahnung, Meidung im Bett und Schlagen – gleichwertige Alternativen darstellen. Manche muslimische Kommentatoren wollen dagegen eine Stufenfolge von Bestrafungen daraus lesen, in der das Schlagen nur die letzte Möglichkeit darstellt. Es gibt auch Stimmen, die unter Hinweis auf eine Prophetentradition das Schlagen ablehnen.

Einige Interpreten relativieren die in dem Vers 4:34 enthaltene Tendenz zur Ungleichbehandlung von Mann und Frau durch Bezug auf andere koranische Aussagen. So berief man sich auf die Worte »Der beste unter euch vor Gott ist der frömmste« (49:13), um die These zu begründen, dass der Koran eine generelle, auch rechtliche Gleichheit der Geschlechter anstrebt. Damit könnten alle anderslautenden Verse als aufgehoben gelten. Ob sich diese Sicht durchsetzen wird, ist nicht abzusehen.

Kleiderregeln

Seit alters bestehen in islamischen Gesellschaften Kleiderregeln, die nicht allein das viel diskutierte Problem des Frauenschleiers betreffen. Ein weißer Turban dient als Zeichen desjenigen Gläubigen, der die obligatorische Pilgerfahrt nach Mekka absolviert hat. Verschiedene mystische Bruderschaften tragen verschiedene Farben und Formen von Gewändern. Auch wenn besonders in den Städten westliche Mode Einzug gehalten hat, bevorzugen noch heute viele Muslime traditionelle, regional sehr unterschiedliche Kleidung. Viele Männer folgen bewusst dem Kleidungsvorbild des Propheten Muḥammad, worüber eine Vielzahl an Überlieferungen Aufschluss gibt. Denn dem Propheten auch in alltäglichen Dingen nachzueifern, gilt Muslimen als verdienstvoll oder sogar geboten.

Andererseits haben Männer wie Frauen seit Ende des 19. Jahrhunderts westliche Kleidung als Zeichen der Modernität angenommen, teils freiwillig, teils unter politischem Druck. Ein Gesetz der 1923 gegründeten laizistischen Republik Türkei etwa untersagte die islamischen Kleidungsstücke Turban und Fez. Angesichts der Verwestlichung der Kleidung in den meisten islamischen Staaten – viele Musliminnen tragen weder Kopfbedeckungen noch verhüllen sie ihr Gesicht, wenn sie in der Öffentlichkeit auftreten – konnte islamische Kleidung eine neue Symbolhaftigkeit erlangen. Verschleierung ist nicht notwendigerweise Traditionalismus, sondern auch ein Akt, der islamisches Selbstbewusstsein ausdrücken soll. Wenn Frauen heute etwa an öffentlichen türkischen Schulen den Kopf bedecken, sieht das der Staat als Protest gegen seine säkularistische Ordnung an und geht oft rigoros dagegen vor. In Frankreich, aber auch in Deutschland, kam es ebenfalls zu Konflikten, da Schulbehörden das Tragen des Schleiers durch Schülerinnen oder Lehrerinnen als unerlaubtes Darstellen religiöser Symbole bewerteten. Im Iran andererseits wurde nach der Revolution von 1979 allen Frauen – auch

Nichtmusliminnen – ein das Haar sowie den Körper bedeckendes Gewand, der Tschador, aufgezwungen. Wenn in neuerer Zeit immer wieder Haarsträhnen unter dem Tschador hervorschauen, so kann man dies als ein Zeichen einer gewissen Liberalisierung ansehen.

Die meisten bekennenden Muslime sind sich darüber einig, dass eine weitgehende Verhüllung für Frauen geboten ist. Unter anderem berufen sie sich dazu auf Sure 33:59: »O Prophet! Sprich zu deinen Frauen und deinen Töchtern und zu den Frauen der Gläubigen, sie sollen ihre Übergewänder reichlich über sich ziehen. So ist es am ehesten gewährleistet, dass sie (dann) erkannt und nicht belästigt werden. Und Allâh ist Allverzeihend, Barmherzig.« Bei der Interpretation dieser Vorgabe ergab sich keine Einigkeit über die genaue Form der Bedeckung, und was oft unter der Kategorie des Schleiers oder dem arabischen Begriff *ḥijâb* (»Vorhang«, »etwa Verbergendes«) subsumiert wird, umfasst eine Vielzahl an verschiedenen Kleidungsformen. Sie reichen von einem dezenten Tuch, das über die Haare gelegt wird, bis zu einem den ganzen Körper verhüllenden Gewand wie der afghanischen Burka. Es ist auch ein Trend zur Weiterentwicklung der Mode islamischer Kopfbedeckung festzustellen, wobei durchaus ein hohes Maß an gestalterischer Phantasie aufgebracht wird.

Zwar beschränken einige extreme Regimes – früher die Ṭâlibân in Afghanistan, heute noch Saudi-Arabien – die Teilnahme von Frauen am öffentlichen Leben stark, in anderen Ländern stehen ihnen jedoch zahlreiche soziale und politische Felder offen, wenn man auch nicht von Gleichberechtigung sprechen kann. Im Verlauf der iranischen Revolution nahmen Frauen an den großen Demonstrationen gegen den Schah teil, und auch danach gingen sie auf die Straße, um gegen die USA und andere »Feinde der islamischen Republik« zu protestieren. Berufstätigkeit von Frauen ist durchaus üblich, ebenso wie sie öffentliche Ämter übernehmen.

Angesichts des dabei unvermeidlichen Kontaktes mit fremden Männern erlangt die Verschleierung der Frau eine besondere Bedeutung. Denn, wie ein iranischer Ayatollah es formulierte: »Wenn eine Frau sich nicht bedeckt, mag sie jeden Mann anziehen, und das ist sicher nicht in ihrem Interesse... Denn das andere Geschlecht sieht sie als ein Mittel, seine eigenen sexuellen Bedürfnisse und animalischen Triebe zu befriedigen.« In dieser Argumentation geht es um die Aufrechterhaltung einer Ordnung, die angeblich optimal die natürlichen menschlichen Eigenschaften berücksichtigt. Zwar werde den Männern vorgeschrieben, ihren Blick zu beherrschen, aber, so der Gelehrte weiter: »Da der männliche Blick nicht kontrolliert werden kann, sagt die Vernunft, dass die Frauen sich umso mehr schützen müssen.«

Manche Feministinnen in islamischen Ländern sehen hingegen den Schleierzwang als Ausdruck patriarchalischer Dominanz über Frauen, die keineswegs als naturgegeben zu rechtfertigen ist. Diese Dominanz zeigt sich nicht allein in der Schleierfrage, wenn diese auch eine große symbolische Bedeutung besitzt; das gesamte Verhältnis zwischen Mann und Frau wird davon bestimmt. Nach weit verbreiteter Sicht gilt die Frau als schwach, unzuverlässig, weil emotional geleitet, und muss männlicher Kontrolle unterworfen werden. Der Islam unterscheidet sich insofern nicht von anderen patriarchalischen Denkweisen, wie sie in Vorderasien, aber auch und teilweise bis in die Gegenwart im Westen vorherrschen. So ist die Kopfbedeckung keineswegs eine islamische Spezialität, sondern findet sich oft in Gesellschaften, welche in der Segregation von Frauen in der Öffentlichkeit einen Beweis männlicher Ehre sehen.

Muslime in der Diaspora

Spricht man heute von der »islamischen Welt«, so müssen nicht nur die Länder mit muslimischen Mehrheitsgesellschaften oder mit größeren muslimischen Minderheiten dazugezählt werden, sondern auch die vielen Muslime in der Diaspora. Zwar gab es lange schon

Diasporagemeinden, ihre Bedeutung hat aber gerade im Westen aufgrund der kolonialen Ausdehnung stark zugenommen. Während der Kolonialzeit kamen viele Muslime als Bildungsmigranten nach Europa. In der postkolonialen Zeit förderten sowohl die befreiten Länder als auch die ehemaligen Kolonialherren solche Kontakte weiter. Auf der einen Seite sollte das den Aufbau der Bildungs- und Verwaltungsinstitutionen der Ex-Kolonie gewährleisten. Auf der anderen Seite waren die früheren Kolonialherren aber auch an der Fortdauer ihres kulturellen und – damit einhergehend – politischen wie wirtschaftlichen Einflusses auf ihre ehemaligen Kolonien interessiert. Viele der Bildungsmigranten blieben in den Gastländern und konnten sich mehr oder weniger erfolgreich integrieren.

In den 1960er Jahren löste der wirtschaftliche Aufstieg Europas und der damit einhergehende Arbeitskräftemangel eine Welle der Arbeitsmigration aus. Tendenziell suchten die Migranten die Länder ihrer ehemaligen Kolonialherren auf. Inder und Pakistanis gingen vor allem nach Großbritannien, Maghrebiner und Bewohner Südwestafrikas kamen nach Frankreich, Indonesier nach den Niederlanden. Auch Länder, die keine oder kaum koloniale Besitzungen in der muslimischen Welt hatten, wurden das Ziel von Migrationsströmen. In den USA leben zwischen sechs und zehn Millionen Muslime, die aus den verschiedensten Ländern stammen. In Deutschland haben unter den etwa drei Millionen Muslimen Türken mit über zwei Millionen den größten Anteil.

Neben Unterschieden in der Herkunft weisen die muslimischen Diasporagruppen eine große religiöse Vielfalt auf. Die Mehrheit gehört dem sunnitischen Islam an. Religiöse Minderheiten finden oft im Westen relativ günstige Bedingungen vor, da sie weniger als in ihren Herkunftsländern religiös bedingter Verfolgung ausgesetzt sind und somit soziale und religiöse Aktivitäten entfalten können. In Deutschland ist etwa die Aḥmadiyya-Bewegung aus dem indo-pakistanischen Raum sehr aktiv. In islamischen Ländern unterliegt sie zumeist einem Verbot, da sie nach der muslimischen Mehrheitsauffassung nicht islamisch ist. Viele Migranten blieben dauerhaft in den Gastländern und ließen Familienangehörige nachkommen, so dass sich mit der Zeit stabile muslimische Gemeinschaften herausbildeten. Nicht nur muslimische Siedlungsschwerpunkte entstanden in den Städten, sondern auch eine große Zahl an islamischen Institutionen und Verbänden. Die Religionsausübung wurde durch die Gründung zahlreiche Moscheen und Schulen ermöglicht.

Aus Gründen der sozialen und kulturellen Selbstbehauptung wächst seit mehreren Jahren eine Tendenz zur Islamisierung des Alltagslebens vieler Migranten. In den USA gewann der Islam eine bedeutende Rolle im Kampf gegen die Rassendiskriminierung. Die »Nation of Islam«, gegründet in den 1930er Jahren, arbeitete an der Schaffung eines »schwarzen Islam«, der einen stark synkretistischen Charakter hatte und zeitweise eine große Anhängerschaft besaß. Einer seiner prominentesten Sprecher war Malcolm X (1925–1965), der unter anderem aufgrund schwieriger Lebensumstände und Erfahrungen rassistischer Bedrohung zum Islam konvertierte. Einige Zeit war er führendes Mitglied der »Nation of Islam«, brach aber schließlich mit ihrer unorthodoxen Islamvorstellung. Er unternahm mehrere Reisen in islamische Länder und absolvierte die Pilgerfahrt.

In allen Gastländern traten einige extreme Richtungen des Diasporaislam auf, die jede Integration ablehnten, darunter in Deutschland der »Kalifatsstaat«. Andere Gruppen zeigen sich an einer Integration ohne Aufgabe kultureller Eigenständigkeit interessiert. Als Sprecher solcher Gruppen haben sich in Deutschland zwei Dachverbände etabliert, der »Zentralrat der Muslime in Deutschland« und der »Islamrat der Bundesrepublik Deutschland«, die beide 1986 gegründet wurden. Zwar repräsentieren sie keineswegs alle Muslime und sind auch untereinander gelegentlich uneins, jedoch können sie für eine große Zahl an muslimischen Vereinigungen sprechen. Die Verbände erfüllen eine Vielzahl von Funktionen, darunter die Bemühung um eine rechtliche Sicherung muslimischer Religionsausübung. Trotz einiger Schwierigkeiten stellen sich dabei auch Erfolge ein, die darauf hinweisen, dass ein weitgehend spannungsfreies Zusammenleben von Muslimen und Nichtmuslimen im Westen möglich ist.

Muslime im Westen

Seit längerer Zeit beschäftigten sich Juristen in westlichen Ländern mit den Problemen, welche das Alltagsleben bekennender Muslime in der Diaspora, d.h. im Rahmen einer nicht vom Islam geprägten Rechtsordnung, aufwirft. Dabei wird zumeist das Recht auf freie Religionsausübung – in Deutschland nach Art. 4, 1,2 Grundgesetz – zum Ausgangspunkt der Überlegung gemacht. Probleme wirft gelegentlich die vom Recht des Gastlandes abweichende Rechtsauffassung von Muslimen auf.

Das islamisch gebotene Schächten (Töten ohne Betäubung) von Schlachttieren zum Beispiel widerspricht nicht nur dem allgemeinen Empfinden vieler Tierfreunde, sondern ist auch nach in Deutschland geltendem Tierschutzrecht verboten. Jedoch stellte das Bundesverfassungsgericht in einem Urteil vom Januar 2002 fest, dass muslimischen Metzgern – wie bisher schon den jüdischen – Ausnahmegenehmigungen erteilt werden können: Damit kam es der auch schon früher von Juristen erhobenen Forderung nach, die Freiheit der Religionsausübung über den Tierschutz zu stellen.

Rechtliche Auseinandersetzungen ergaben sich in der Frage, ob Lehrerinnen im Dienst ein Kopftuch tragen dürfen. Von einigen Schulbehörden wird dies als unerlaubte Darstellung religiöser Auffassungen untersagt, was die Betroffenen zu Klagen vor Gericht veranlasste. Die Verfahren endeten unterschiedlich. Der Verwaltungsgerichtshof in Mannheim entschied am 26. Juni 2001 in zweiter Instanz, die Klage zurückzuweisen. Das Verwaltungsgericht Lüneburg hingegen hatte bereits in einem Urteil vom Oktober 2000 die individuelle Religionsfreiheit einer anderen Klägerin höher als die Neutralitätspflicht der Schule bewertet. Eine einheitliche Regelung existiert in der Kopftuchfrage demnach noch nicht.

Dass islamische religiöse Praxis oft weniger rechtliche als vielmehr sozial-kulturelle Probleme aufwirft, zeigt das Beispiel des öffentlichen Gebetsrufs von Moscheen. Juristisch relevant ist dabei im Wesentlichen nur die Lautstärke und Tageszeit des Rufes. Ähnliches gilt übrigens auch für das Glockenläuten. Wenn der Gebetsruf dem Emissionsschutz nicht widerspricht, wird er von zuständigen Behörden zugelassen. In den weithin bekannt gewordenen Auseinandersetzungen um den von der Stadtverwaltung bereits genehmigten Gebetsruf an einer Moschee in Duisburg-Marxloh 1997 entfachten Vertreter christlicher Gruppen eine regelrechte Anti-Islam-Kampagne und riefen zum Kampf gegen den Muezzin-Ruf auf – sicherlich kein geeignetes Mittel, um das Zusammenleben zwischen Muslimen und Nichtmuslimen zu erleichtern.

Ein weitgehend ungelöstes Problem stellt der schulische Religionsunterricht dar. Die staatlichen Instanzen tendieren in Einklang mit Art. 7 des Grundgesetzes dahin, dass die Integration von Muslimen in die deutsche Gesellschaft auch eine Repräsentation des Islam im Schulunterricht verlangt. Problematisch ist aber, dass die Muslime lange Zeit nicht die gesetzlich geforderte Vertretung besaßen, welche den Inhalt des Religionsunterrichts verbindlich hätte formulieren können: Welches ist die »gültige« Sicht des Islam, die in Lehrbücher aufgenommen werden kann? Allerdings versuchen einige muslimische Gruppen in Deutschland seit längerem, als Religionsgemeinschaften anerkannt zu werden. Rechtlich gesehen erscheint dies möglich, auch wenn diese Gruppen nur jeweils eine relativ kleine Zahl von Muslimen repräsentieren. Die Inhalte des von der Religionsgemeinschaft durchgeführten Unterrichts unterliegen weitgehend nicht staatlicher Kontrolle. Die Grenze besteht dort, wo der Gebrauch der Religionsfreiheit die Beschränkung der Freiheiten anderer nach sich zieht, wenn etwa Apostasie als todeswürdiges Verbrechen dargestellt wird.

Seit einiger Zeit sind Bestrebungen zur Entwicklung eines »europäischen Islam« zu beobachten. Die Vertreter dieser Idee treten zum Beispiel dafür ein, dass Muslime in nichtmuslimischer Umgebung nicht verpflichtet sind, alle Regeln des *fiqh* zu befolgen. Praktisch geschieht dies ja in den islamischen Ländern ohnehin, so dass man das Bestehen solch problematischer Normen wie das Apostasieverbot in den *fiqh*-Werken nicht unnötig dramatisieren muss. So gesehen erscheint eine Harmonisierung der europäischen Rechtsnormen mit dem Rechtsverständnis von in Europa lebenden Muslimen durchaus möglich.

Kunst

Viele Beispiele zeigen, dass Muslime im Westen maßgebliche Akteure des Kulturlebens werden können, ohne sich gänzlich westlichen Standards anpassen zu müssen. Jazzmusiker wie der Südafrikaner Dollar Brand, nach seiner Konversion zum Islam Abdullah Ibrahim, oder die Schääl Sick Brass Band aus Köln mit ihrer aus Persien stammenden Sängerin beweisen, dass kultureller Austausch auf hoher Ebene auch jenseits von interreligiösen Dialogen möglich ist.

Es ist sicher nicht falsch, einen Zugang zu den Kulturen der islamischen Welt über die Beschäftigung mit ihren vielfältigen künstlerischen Leistungen in Vergangenheit und Gegenwart zu suchen.

Trotz gelegentlicher Kritik haben Muslime nie auf Musik zum Tanz oder zur Unterhaltung verzichtet. Davon zeugen etwa die Radioauftritte der ägyptischen Sängerin Umm Kulthûm (1904–75), welche in der ganzen arabischen Welt übertragen wurden und das öffentliche Leben regelmäßig lahm legten. Umm Kulthûm, die vom Land stammte und Anfang der 1920er Jahre nach Kairo übersiedelte, vertrat einen Stil, der an klassische Musiktraditionen anschloss. Das in vielen

Umm Kulthûm als Filmstar

islamischen Ländern gebräuchliche Tonsystem gliedert sich in eine Anzahl von Modi. Im Westen erscheint die Musik deswegen fremd, weil ihre Intervalle neben Ganz- und Halbtonschritten auch Vierteltöne umfassten. Rhythmisch ist sie sehr komplex, neben Saiten- und Blasinstrumenten finden eine ganze Reihe an Perkussionsinstrumenten Verwendung. Im Kontakt mit dem Westen sind auch europäische Musiktraditionen aufgenommen worden, sowohl aus der klassischen als auch aus der so genannten populären Musik.

Einige der größten künstlerischen Leistungen der islamischen Welt hat die Architektur hervorgebracht. Neben herrschaftlichen Bauten (etwa die Alhambra in Spanien) galt das Interesse vor allem der sakralen Baukunst. Aus umayyadischer Zeit stammt etwa die große Moschee in Damaskus, die typischerweise aus einer Gebetshalle mit einem vorgelagerten Hof besteht. In den von Osmanen beherrschten Gebieten ist überwiegend die Kuppelmoschee verbreitet, deren Typus von Meisterarchitekten wie dem großen Sinân (gestorben 1588) immer mehr vervollkommnet wurde.

Oft traten Herrscher oder andere Mächtige als Auftraggeber für religiöse Bauwerke auf, um ihre Frömmigkeit – und ihre Macht – zu demonstrieren. Das islamische Recht ermöglicht das Stiften von Vermögenswerten zum Errichten und Erhalten von Bauwerken, die öffentlichen Zwecken dienen. Neben der Gründung und dem Erhalt von Moscheen kann man auch den Bau von städtischen Brunnen, Bibliotheken, sufischen Konventen oder Schulen als Stiftungszweck bestimmen.

Die Große Moschee von Damaskus, 706–715

Bayazid Moschee in Istanbul, 1501–1506

In Moscheen und vielen anderen Gebäuden finden sich zahlreiche Zeugnisse einer hochentwickelten Ornamentkunst. Ein Grund für das Florieren der Ornamentik in der islamischen Welt mögen gewisse Vorbehalte gegen bildliche Darstellungen gewesen sein, auch wenn der Koran kein Bildverbot ausspricht. Es galt vielerorts die Maxime, dass die göttliche Schöpfung nicht durch menschliche Hand imitiert werden sollte. Beispiele von Wandgemälden mit Lebewesen sind aber schon aus dem 8. Jahrhundert bekannt. Die Buchillustration wurde vielfach für naturwissenschaftliche und technische Werke verwendet, in denen sich Darstellungen von Tieren und Pflanzen, aber auch von Menschen finden. Auch große Erzählwerke enthalten Menschendarstellungen. Porträts finden sich schon auf umayyadischen Münzen, später dann auf Tafelbildern ṣafawidischer oder osmanischer Herrscher.

Wie auch diese Werke knüpft die gegenwärtige bildende Kunst in islamischen Ländern vielfach an die Formensprache westlicher Kunst an. Allerdings können muslimische Künstler gelegentlich gerade durch Rückbezug auf traditionelle Kunstformen in westlichen Galerien Erfolge feiern.

Bis heute werden Titel von Büchern und Inschriften sorgsam kalligraphiert. Vor allem widmeten sich die Kalligraphen aber der Gestaltung des Korantextes.

Vielen Muslimen galt Kalligraphie gar als die islamische Kunst schlechthin; oft wird ihre Erfindung dem vierten Kalifen ʿAlî ibn Abî Ṭâlib zugeschrieben. Eine frühe Form der arabischen Schrift ist das so genannte Kûfî mit seinen eckigen Formen.

Später entwickelte sich eine rundere Schrift, deren verschiedene Arten ab dem 10. Jahrhundert anhand fester Proportionsregeln beschrieben werden. Sechs Schriftarten bildeten hinfort die Basis der weiteren Entwicklung der Kalligraphie.

Nâṣir ad-Dîn Shâh (1848–1896), Persien

Zwei Kraniche helfen einer Schildkröte beim Überqueren eines Flusses: Illustration zur Fabelsammlung »Kalîla wa-Dimna« aus dem 13./14. Jahrhundert

Dichtung

Zahlreiche Übersetzungen von literarischen Texten aus der islamischen Welt bieten heute auch den Nichtfachleuten einen guten Zugang zu wesentlichen Aspekten islamischer Kultur. Im Rahmen der Rezeption islamischer Literaturen im 19. Jahrhundert ist sicher Goethes Beschäftigung der Liebesverse des Persers Ḥâfiẓ (1325–1389) in seinem »West-östlichen Diwan« besonders bekannt. Goethe konnte sich auf die Arbeit bedeutender Orientalisten stützen. Friedrich Rückerts (1788–1866) Übersetzungen des Koran und anderer Texte haben zum Teil noch wissenschaftlich Bestand, stellen vor allem auch bedeutende Sprachkunstwerke dar. Zu Recht genießen die »Geschichten aus 1001 Nacht«, die sowohl aus dem indisch-iranischen Raum als auch aus vorderorientalischen Quellen stammen, im Westen großen Ruhm. Eine wichtige deutsche Übersetzung des Textes hat Enno Littmann 1921–1928 unternommen.

Kufi-Koranhandschrift aus dem 9./10. Jahrhundert

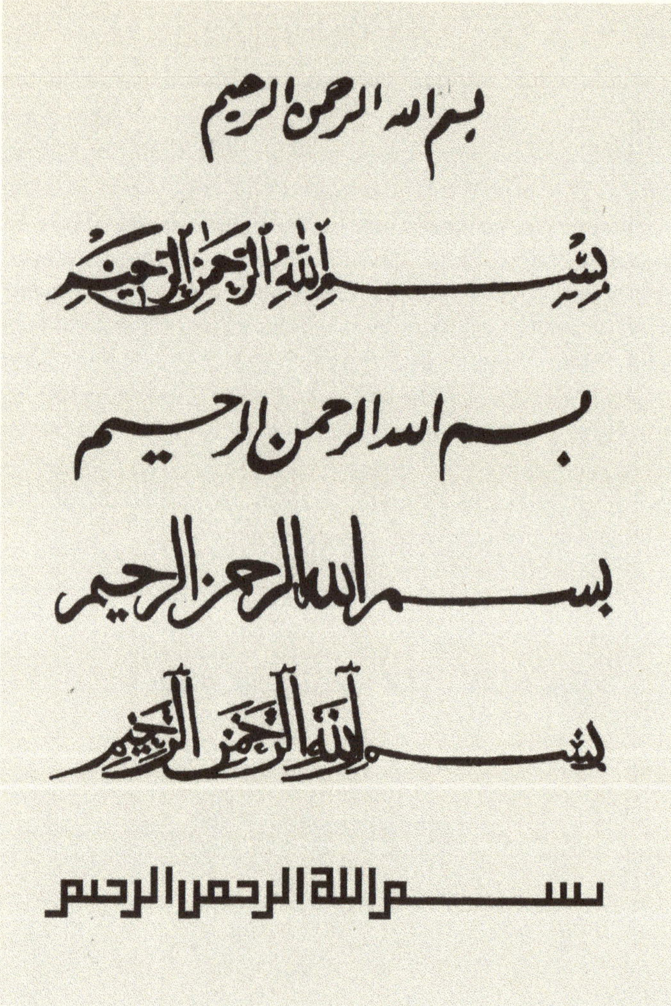

»Im Namen des barmherzigen und gnädigen Gottes«: Die geläufige Eingangsformel in sechs verschiedenen Schriftstilen.

Wandten sich die Übersetzer lange Zeit vorwiegend dem älteren Schrifttum zu, so wird nunmehr auch die Gegenwartsliteratur islamischer Länder verfügbar gemacht. Die Autoren, von denen sich viele längst in der Weltliteratur etabliert haben, bieten aktuelle Einblicke in das Leben von Muslimen, die nicht durch wissenschaftliche Darstellungen zu ersetzen sind. Weltweite Wertschätzung erfuhr durch die Verleihung des Literatur-Nobelpreises 1998 der Ägypter Najîb Maḥfûẓ, dessen Erzählwerke ein realistisches Bild einer islamischen Gesellschaft mit ihren sozialen, familiären und persönlichen Problemen zeichnen.

Viele andere arabische Schriftsteller beschäftigen sich mit ähnlichen Themen. Zu den profiliertesten und bekanntesten zählen Ṭâhâ Ḥusayn (1889–1973), Tawfîq al-Ḥakîm (1898/1902–1987) oder auch Yûsuf Idrîs (1927–1991). Auf Französisch schreiben nordafrikanische Autoren wie Tahar Ben Jelloun (geboren 1929) und Assia Djebar (geboren 1936). In der türkischen Literatur sind Fakir Baykurt (geboren 1929) und Yaşar Kemal (geboren 1922) Vertreter einer sozialkritischen Richtung, deren Werke auch auf Deutsch vorliegen. In der modernen persischen Literatur trat Sâdegh Hedâyat (1903–1951) durch seine surreale Novelle Bûf-e kûr (»Die blinde Eule«, 1936) hervor und Huschang Golschiri (1937–2000) durch seine sozialkritischen Texte.

Einen kleinen Einblick in die Vielfalt und den historischen Wandel des Schreibens von Muslimen ermöglicht die Betrachtung einiger Beispiele arabischer Poesie aus verschiedenen Jahrhunderten.

Die altarabischen Qaṣîden – im Folgenden zitiert in der Übersetzung nach Gibb und Landau – entstanden in vorislamischer Zeit und galten vielen Arabern noch jahrhundertelang als Vorbilder an poetischer Kraft. Die nach strengen formalen Regeln (Monoreim und durchlaufendes Metrum) gearbeiteten Gedichte entnehmen ihre Themen dem beduinischen Leben: etwa der Ritt durch die Wüste, der heldenhafte Kampf, das Lob auf den eigenen Stamm und die Schmähung des Gegners. Ein beliebtes Motiv ist immer wieder auch die

Jagd. Lebendige Tierbeschreibungen wurden vom Publikum der arabischen Dichter hoch geschätzt:

> Weiße Wildkuh, wie sie schimmert in der Dunkelheit,
> gleichend einer Perle, die gelöst von der Schnur!
>
> Bis die Nacht den Vorhang aufgerollt, der Tag anbrach;
> aber dann glitt ab vom feuchten Boden ihr Zweihuf! ...
>
> Stimmen hörte sie, ja, Menschenlaut, der sie erschreckt,
> aus dem Ungewissen, weit – der Mensch ist ihr Tod!
>
> Plötzlich zittern ihre Flanken, sieh! als ob ihr Leib
> von wilder Furcht ergriffen sei in sämtlichen Fasern.
>
> Sie verfehlten sie und hetzen jetzt auf sie die schlanken Hunde
> mit den langen Hängeohren, abgerichtet zur Jagd!

Am Beginn der Qaṣîden steht jeweils eine Passage, in der der dahinziehende Dichter über seine verlorene Geliebte klagt:

> Halt an! Wir weinen über den verlaßnen Pfuhl
> und eine Liebste zwischen Ḥaumal und Dakhûl
>
> und Tûḍiḥ und Miqrât, wo ihr noch Spuren seht,
> die bald aus Süden, bald aus Norden aufgeweht ...
>
> Anhaltend ihre Tiere, trösteten sie mich:
> »Vergehe nicht vor Kummer und gedulde dich!«
>
> Die beste Linderung gewähren Tränen nur;
> doch helfen sie beim Anblick einer toten Spur?

Mit der Offenbarung des Koran traten auch islamisch-religiöse Themen an die Seite des traditionellen Inventars. Besondere Leistungen haben auf diesem Gebiet die Mystiker vollbracht. Sie verfassten eindrucksvolle Verse, in denen sie ihre spirituellen Erlebnisse ausdrückten. Die göttliche Schönheit beschreibt Ibn al-Fâriḍ (gest. 1235), übersetzt von Gibb und Landau:

Entschwand Er auch, mein ganzes Sein erkennt Ihn
in jeder Anmut, Schönheit, Lieblichkeit:

im Lautenspiel und weichen Flötenton,
zusammenklingend in der Melodie;

auf grünen Weidegründen der Gazellen,
am kühlen Abend oder lichten Morgen;

und wenn der Himmel auf den Teppich taut,
der aus dem bunten Frühlingsflor gewebt;

und wenn der Zephir seine Flügel schwingt
und mir die Balsamgrüße überbringt,

und trinken von den Lippen der Pokale
des Weines Speichel wir beim Freudenmahle!

In der islamischen Stadtkultur sah die Welt anders aus als bei den altarabischen Beduinen-Dichtern. Das Leben am Hof wurde zu einem wichtigen Thema. Viel Aufmerksamkeit widmeten die Dichter auch Gartenbeschreibungen, und oft enhalten Naturgedichte Themen der Liebe. Das folgende Gedicht stammt von al-Muʿtadid (gestorben 1069) und ist, wie alle nachfolgenden Gedichte, von Annemarie Schimmel übersetzt:

Jasminenblüten sind am Strauch
Gleich Himmels Sternen aufgegangen:
Die roten Streifen glänzen dran
Wie frischgeküßte Mädchenwangen!

Lange Zeit hatten die aus dem Mittelalter stammenden poetischen Traditionen Bestand. Einen großen Wandel bewirkte die Rezeption moderner europäischer Poesie. Es entstand die reim- und versmaßlose »Freie Poesie«, deren Thematik oft auf die aktuellen Probleme der Muslime Bezug nimmt. Die Situation in der Diaspora beklagt ʿAbd al-Wahhâb al-Bayyâtî aus Bagdad (geb. 1926) in seinen »Gedichten aus Wien«:

Sternloser Himmel

Der Himmel Europas
ist sternenlos
Denk nicht an Gutes noch Schlechtes
o meine Freundin
meine mütterlich-zärtliche Stadt

doch wir im Orient leben nicht
außer im Licht
im Blutgericht, im Tränengesicht

Ein Sumpf in der Heimat
ist schöner
als ein See in Europas Nacht
ohne Licht

Auch religiöse Themen finden einen neuen Ausdruck und werden vielfach im Zusammenhang mit sozial- respektive kulturkritischen

Reflexionen verarbeitet. Das »Tagebuch einer Pilgerfahrt zum heiligen Haus Gottes« des Sudanesen Muḥammad al-Faitûrî (geb. 1930) beginnt mit den Worten:

Karawanen, o Herr, sind unsere Herzen, zu Dir
pilgern sie durch das Jahr.
Leiber beladen mit Leidenschaft und Entrückung
werfen sich hin an der Schwelle des Hauses, der Stätte,
singen den Gruß sie für Dich,
o Herr – der edelste Gruß sei für Dich!

Im weiteren Verlauf kontrastiert der Text die religiös bestimmte Freude des Pilgers und das Preisen Gottes mit der Klage über die Lage der Muslime in der Gegenwart:

Keine Glut mehr in unseren Knochen, noch Asche,
Kein Schnee, keine Schwärze,
Nicht Unglauben mehr, und Anbetung nicht.
Erniedrigung ward Gewohnheit, und Schwache ohne Licht.
O Herr,
Du lehrtest uns Liebe,
Lehr uns den Willen, der Mauern bricht!

Ich weine für uns
und bete für uns
Denn dieses Zeitalter ist in uns eine Wand ...
Wenn wir diese nicht brechen
wird nie uns reinwaschen des Tages Hand!

Der Libanese Adonis (geb. 1930) war einer derjenigen, die einen poetischen Ausdruck für Innerlichkeit fanden, welche an die Poesie der Mystik erinnert:

Das Zeichen

Ich mischte mich zwischen Feuer und Schnee
Doch nie wird verstehen die Glut meine Tiefen, und nie
der Schnee

So werde ich bleiben: einsam, vertraut
und wohnen in Blüten und Stein
verschwinden
suchen und suchen
sehen
wogen
wie das Licht zwischen Zauber und Zeichen

Die Schönheit des Koran

Schon seit frühester islamischer Zeit ist der Koran Gegenstand ästhetischer Bemühungen. Die Kalligraphen brachten immer wieder neue Formen der Textgestaltung hervor.

Der Koran vermittelt sich aber nicht nur über die Schrift, sondern auch durch den mündlichen Vortrag. Ja, er ist dem Wesen nach eine Rezitation und entfaltet für Muslime erst in dieser Form seine ganze Bedeutung. Koranrezitation weist zwar Ähnlichkeit zum Gesang auf und hat auch auf die Entwicklung der Musik in islamischen Ländern eingewirkt, sie gilt den Muslimen aber nicht als Musik im engeren Sinne.

Die Meister der Rezitation studieren jahrelang, um ihre Schwierigkeiten zu bewältigen und genießen hohes Ansehen. In den heute gängigen Exemplaren finden sich nicht nur zahlreiche Anweisungen zur korrekten Lesung, der Text ist auch in größere Abschnitte gegliedert, die zu bestimmten Gelegenheiten als Einheit rezitiert werden können.

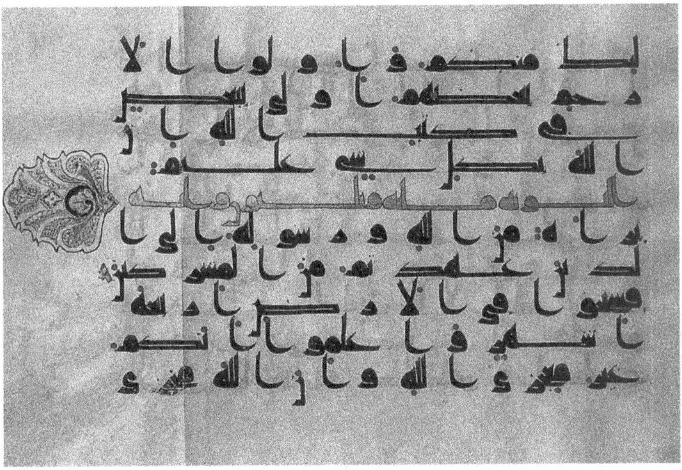

Koranblatt aus dem 10. Jahrhundert

Um zu verstehen, welche Bedeutung die Sprache des Koran für die Muslime hat, ist es sinnvoll, die »Lehre der Unnachahmlichkeit« zu betrachten. Muslimische Theologen wollten damit den göttlichen Charakter des Koran beweisen und ihn über jeden Zweifel als die Quelle islamischer Lehre etablieren. Zur Stützung der Unnachahmlichkeitsthese beriefen sie sich auf den Text selbst. Vers 11:13 antwortet auf die Ungläubigen, welche Muḥammad vorwarfen, den Koran selbst erfunden zu haben: »Oder werden sie sagen: ›Er hat es erdichtet?‹ Sprich: ›So bringt doch zehn ebenbürtig erdichtete Suren hervor und ruft an, wen ihr vermögt, außer Allah, wenn ihr wahrhaftig seid!‹« Es handelt sich hier um eine rhetorische Frage, denn dass jemand der Forderung nachkommen könne, wurde nicht erwartet.

So ergibt sich aus dem Unvermögen der Ungläubigen, etwas Ähnliches wie den Koran zu schaffen, sein Offenbarungscharakter für die Gelehrten ganz eindeutig. Bestätigt wird dies durch Vers 11:14: »Und wenn sie darauf nicht reagieren, dann wisset, es ist mit Allahs Wissen offenbart worden; und es ist kein Gott außer Ihm. Wollt ihr euch nun ergeben?« Eine weitere Bekräftigung der Unnachahmlichkeit kann in Vers 17:88 gesehen werden: »Sprich: ›Wenn sich auch die Menschen und die Dschinn vereinigten, um etwas Gleiches wie diesen Koran hervorzubringen, brächten sie doch nichts Gleiches hervor, selbst wenn sie einander beistünden.‹«

Da nun gerade die vorislamischen Araber auch den Muslimen noch als Meister ihrer Sprache und unübertreffliche Dichter galten, erschien ihr Versagen als schlagender Beweis der Unnachahmlichkeit des Koran. Wenn es auch an der These immer wieder Zweifel unter Muslimen gab, besteht doch bis heute ein Konsens darüber, dass die sprachliche Form des Textes einen hohen Wert besitzt. So lernen auch Nichtaraber den Text teilweise ganz auswendig, oft ohne ihn zu verstehen. Ihre Rezitation bringt sie in enge Verbindung zum göttlichen Wort und ermöglicht es ihnen, die Schönheit der koranischen Sprache immer wieder zu aktualisieren.

GLOSSAR

ʿArafât – Ebene nahe Mekka, wichtige Station bei der Pilgerfahrt.

ʿÂshûrâ' – Muslimischer Trauertag am 10. Tag des Monats Muḥarram, dem Todestag des Prophetenenkels Ḥusain.

basmala – Die Formel *bi-smi llâhi r-Raḥmân ar-Raḥîm* (Im Namen des barmherzigen und gnädigen Gottes), die jedes islamische Buch einleitet.

Beschneidung – In islamischen Ländern verbreitetes Ritual, das bei Jungen durchgeführt wird.

dâr al-ḥarb – »Das Haus des Krieges«. Länder, die von Ungläubigen beherrscht werden und die unter muslimische Herrschaft zu bringen sind – im Gegensatz zu *dâr al-islâm*, »das Haus des Islam« .

dhikr – Sufische Meditation, die gelegentlich von Tanz und Gesang begleitet wird.

dhimmî – »Schutzbefohlener« der Muslime. Um als solche anerkannt zu werden, mussten Juden und Christen den Muslimen eine Sondersteuer zahlen.

dîn wa-daula – »Religion und Staat«, aktivistisches Schlagwort, das die gesellschaftliche und politische Re-Islamisierung fordert.

fanâ' – Mystische Auflösung des Selbst.

al-Fâtiḥa – »Die Eröffnende«, die erste Sure des Koran.

Fünf Säulen des Islam – Die Hauptpflichten der Muslime: Glaubensbekenntnis, Almosen, Pilgerfahrt, Gebet und Fasten.

ḥadîth – Die Überlieferungen vom Handeln und Reden des Propheten, neben dem Koran die wichtigste Quelle des Islam.

ḥajj – Die obligatorische Pilgerfahrt nach Mekka, eine der fünf Säulen des Islam.

»Ḥamâs« – Abkürzung für *Ḥarakat al-Muqâwama al-Islâmiyya* (Bewegung des islamischen Widerstandes). Aktivistische Gruppe in Palästina.

hijra – Auswanderung der Muslime von Mekka nach Medina im Jahr 622.

Ḥizb Allâh – »Die Partei Gottes«, aktivistische Gruppe im Libanon.

ʿîd al-aḍḥâ – Opferfest, das am 10. Dhû l-ḥijja von allen Muslimen gefeiert wird.

ʿîd al-fiṭr – Fest des Fastenbrechens am Ende des Ramaḍân.

iḥrâm – Zustand der für alle Riten erforderlichen Reinheit.

ijtihâd – »Bemühung«, selbständige Rechtsfindung aus Koran und *ḥadîth*.

Imâm – Vorsteher beim Gebet und (vor allem bei den Schiiten) politisch-religiöser Führer.

»Islamische Heilsfront« – Aktivistische Gruppe in Algerien.

jâhiliyya – Zustand der Unwissenheit. Die Gesellschaft ohne Kenntnis von der koranischen Offenbarung.

»Jamaat-i islami« – »Islamische Gruppe«, aktivistische Partei in Pakistan.

jâmic – Freitagsmoschee, in der die Gläubigen am Freitag und an bestimmten Feiertagen das Mittagsgebet gemeinsam verrichten. Daneben gibt es die einfachen Moscheen (*masjid*, Ort des Niederwerfens).

jihâd – Von Aktivisten als legitimer (gewaltsamer) Kampf gegen Ungläubige aufgefasst. Andere Muslime ordnen den »kleinen *jihâd*«, den Kampf mit der Waffe, dem »größeren *jihâd*«, verstanden als innere Anstrengung des Gläubigen bei der Hingabe an Gott, unter.

jizya – Sondersteuer, die Juden und Christen früher an die Muslime zahlen mussten, um als deren Schutzbefohlene angesehen zu werden.

Kaʿba – Das zentrale muslimische Heiligtum im Hof der großen Moschee in Mekka, das die Pilger bei der *ḥajj* siebenmal umrunden.

»Kalifatsstaat« – Aktivistische Gruppe in Deutschland.

khirqa – Ordenskleid der Sufis.

»Liga der islamischen Welt« – In Mekka gegründete internationale Organisation, die sich für verschiedene islamische Belange einsetzt.

Medina – Arabische Stadt der ersten muslimischen Gemeinschaft.

Mekka – Geburtsort des Propheten Muḥammad.

Minarett – Turm der Moschee.

minbar – Kanzel für die freitägliche Predigt.

mu'adhdhin – Muezzin oder Gebetsrufer, der durch seinen Ruf vom Minarett einer Moschee die Zeiten für die fünfmal täglich zu verrichtenden Gebete angibt.

muhâjirûn – »Auswanderer«, die Gefährten Muḥammads, welche mit ihm 622 von Mekka nach Medina übersiedelten.

»Muslimbruderschaft« – Aktivistische Gruppe in Ägypten.

mutʿa – Eine zeitlich begrenzte Ehe, die nur bei den Schiiten üblich ist und im Minimalfall nur einige Stunden dauert.

qibla – Gebetsrichtung gen Mekka, in einer Moschee durch die vordere Wand, in der sich die Gebetsnische befindet, angezeigt.

rakʿa – Der Grundzyklus von Bewegungen und Formeln im Gebet.

Ramaḍân – Der islamische Fastenmonat.

Schächten – Das islamisch gebotene Töten von Schlachttieren; den Tieren wird ohne Betäubung die Speise- und Luftröhre sowie die Halsschlagader durchgeschnitten, so dass sie ausbluten.

Schiiten – Minderheit der Muslime, deren Bezeichnung sich von *shîʿat ʿAlî*, »Die Partei Alis«, ableitet. Von den ersten vier Kalifen halten sie, im Gegensatz zu den Sunniten, allein ʿAlî für legitim.

Sufismus – Islamische Mystik.

sunna – Das Handeln und Reden des Propheten Muḥammad, das im *ḥadîth* überliefert ist.

Sunniten – »Die Leute der *sunna* und der *jamâʿa* (Gemeinschaft)«; die Mehrheit der Muslime.

Sure – Kapitel des Koran.

tafsîr – Form der Koranexegese, in der vor allem Begriffe erklärt und Widersprüche zwischen einzelnen Versen behandelt werden.

ṭarîqa – Sufische Bruderschaft.

ta'wîl – Allegorische Koranexegese, die vor allem von Mystikern gepflegt wird.

umma – Die Gemeinschaft der Muslime.

wuqûf – Das Verweilen in der Ebene ʿArafât, Teil der *ḥajj*-Riten.

yaum al-jumʿa – »Der Tag der Versammlung«, d.i. Freitag; das Mittagsgebet wird an diesem Tag in der Gemeinschaft verrichtet.

Zwölferschiiten – Größte schiitische Richtung, geprägt durch die Überzeugung, dass der zwölfte Imâm Muḥammad al-Qâ'im 874 entrückt ist und als Messias wiederkehren wird.

VERZEICHNIS ARABISCHER BEGRIFFE

ᶜâda – Gewohnheit, Brauch
adhân – Gebetsruf
ahl al-kitâb – die Leute des Buches
al- – Artikel
Allâh – der Gott
anṣâr – Helfer
asbâb an-nuzûl – die Anlässe der Offenbarung
âyât – Wunderzeichen
daᶜwa – Mission
falsafa – Philosophie
fatwâ – Rechtsgutachten
fiqh – islamische Jurisprudenz
ḥaqîqa – (göttliche) Wahrheit
ḥijâb – Schleier, Vorhang
ᶜibâdât – Handlungen des Gottesdienstes
Iblîs – Teufel
ibn – Sohn (von)
ijmâᶜ – Konsens (der Rechtsgelehrten)
ijtihâd – Anstrengung, selbständige Interpretation von Koran und ḥadith
islâm – Hingabe (an Gott)
jihâd – Anstrengung, Kampf
kalâm – Rede, Theologie
khalîfa – Nachfolger Kalif
khuṭba – Predigt
madhâhib – Rechtsschulen
mahdî – Messias
mahr – Brautgabe
madrasa – (Koran-)Schule
masjid – Ort des Niederwerfens, Moschee
miḥrâb – Gebetsnische
Muslim – der sich (Gott) hingibt
nikâḥ – Ehe
niyya – Absicht
qâḍî – Kadi
qiyâs – Analogieschluss in der Jurisprudenz
al-qur'ân – das Rezitierte, Koran
ribâ – Zins, Wucher
ṣalât – obligatorisches Gebet
ṣaum – Fasten
sharîf – Prophetennachkomme
shahâda – Bezeugung, Glaubensbekenntnis
shahîd – Märtyrer
shaikh – Scheich, Führer
sharîᶜa – Scharia
shûrâ – Ratschlag, Ratsversammlung
sulṭân – Machthaber
sûq – Markt, Bazar
taqlîd – Nachahmung (Recht)
ṭawâf – Umrundung
ᶜurf – Gewohnheit, Brauch
walî – Gottesfreund, Heiliger
wazîr – Minister
zakât – Almosen
zindîq – Ketzer

KORANAUSGABEN

Qutb, Syed: In the Shade of the Qur'an. Commentary of The Holy Qur'an: www.witness-pioneer.org/vil/quran/syedqutb/index.htm

Paret, Rudi (Übers.): Der Koran. Stuttgart 1979.

Rückert, Friedrich (Übers.): Der Koran. Hg. v. Hartmut Bobzin. Würzburg 1995.

Zentralrat der Muslime Deutschlands: www.islam.de

NACHSCHLAGEWERKE

Kleines Islam-Lexikon. Geschichte, Alltag, Kultur. Hg. v. Ralf Elger. München 2001.

Lexikon Arabische Welt. Kultur, Lebensweise, Wirtschaft, Politik und Natur im Nahen Osten und Nordafrika. Hg. von Günter Barthel. Wiesbaden 1994.

GESCHICHTE

Cardini, Franco: Europa und der Islam. Geschichte eines Mißverständnisses. München 2000.

Endreß, Gerhard: Der Islam. Eine Einführung in seine Geschichte. München 1997.

Fischer Weltgeschichte, Bd. 14. Der Islam I. Vom Ursprung bis zu den Anfängen des Osmanenreiches. Hg. u. verf. von Claude Cahen. Frankfurt am Main 1998.

Fischer Weltgeschichte, Bd. 15. Der Islam II. Die islamischen Reiche nach dem Fall von Konstantinopel. Hg. v. G. E. von Grunebaum. Frankfurt am Main 1999.

Hourani, Albert: Die Geschichte der arabischen Völker. Von den Anfängen des Islam bis zum Nahostkonflikt unserer Tage. Frankfurt am Main 2001.

Noth, Albrecht & Paul, Jürgen. (Hg.): Der islamische Orient. Grundzüge seiner Geschichte. Würzburg 1998.

Schulze, Reinhard: Geschichte der islamischen Welt im 20. Jahrhundert. München 1994.

KORAN

Bobzin, Hartmut: Der Koran. Eine Einführung. München 1999.

Busse, Heribert: Die theologischen Beziehungen des Islams zu Judentum und Christentum. Grundlagen des Dialogs im Koran und die gegenwärtige Situation. Darmstadt 1988.

Gätje, Helmut: Koran und Koranexegese. Zürich & Stuttgart 1971.

Wild, Stefan: Mensch, Prophet und Gott im Koran. Muslimische Exegeten des 20. Jahrhunderts und das Menschenbild der Moderne. Münster 2001.

Zirker, H.: Der Koran. Zugänge und Lesarten. Darmstadt 1999.

KUNST

Gabrieli, Francesco (Hg.): Mohammed in Europa. 1300 Jahre Geschichte, Kunst, Kultur. Augsburg 1997.

Hattstein, Markus & Delius, Peter (Hg.): Islam. Kunst und Architektur. Köln 2000.

DICHTUNG

Gibb, A.R. & Landau, Jacob M.: Arabische Literaturgeschichte. Zürich & Stuttgart 1968.

Schimmel, Annemarie: Zeitgenössische arabische Lyrik. Eine Anthologie. Tübingen & Basel 1975.

Schimmel, Annemarie: Nimm eine Rose und nenne sie Lieder. Poesie der islamischen Völker. Köln 1987.

Wagner, Ewald: Grundzüge der klassischen arabischen Dichtung. Darmstadt 1987.

POLITIK, RECHT, GESELLSCHAFT

Krämer, Gudrun: Gottes Staat als Republik. Reflexionen zeitgenössischer Muslime zu Islam, Menschenrechten und Demokratie. Baden-Baden 1999.

Nienhaus, Volker: Islamische Ökonomik in der Praxis: Zinslose Banken und islamische Wirt-

schaftspolitik. In: Der Islam in der Gegenwart. Hg. v. W. Ende & U. Steinbach. München 1996.
Mir-Hosseini, Ziba: Islam and gender. The religious debate in contemporary Iran. Princeton, NJ 2000.
Rohe, Mathias: Der Islam – Alltagskonflikte und Lösungen. Rechtliche Perspektiven. Freiburg 2001.

KULTUR UND BRAUCH

Bobzin, Hartmut: Muhammad. München 2000.
Bürgel, Johann Christoph: Allmacht und Mächtigkeit. Religion und Welt im Islam. München 1991.
The Cambridge encyclopedia of the Middle East and North Africa. Executive ed. Trevor Mostyn. Cambridge 1988.
Ende, Werner & Steinbach, Udo (Hg.): Der Islam in der Gegenwart. München 1996.
Faroqhi, Suraiya: Herrscher über Mekka. Die Geschichte der Pilgerfahrt. Düsseldorf & Zürich 2000.
Halm, Heinz: Der schiitische Islam. München 1994.
Huff, T.: The rise of early modern science. Islam, China, and the West. Cambridge 1993.
Nagel, Tilman: Geschichte der islamischen Theologie von Mohammed bis zur Gegenwart. München 1994.
Schimmel, A.: Und Muhammad ist Sein Prophet. Die Verehrung des Propheten in der islamischen Frömmigkeit. Düsseldorf & Köln 1981.
Schimmel, Annemarie: Von Ali bis Zahra. Namen und Namengebung in der islamischen Welt. München 1993.
Schimmel, Annemarie: Das islamische Jahr. Zeiten und Feste. München 2001.
Schimmel, Annemarie: Die Zeichen Gottes. Die religiöse Welt des Islam. München 1995.
Stenberg, Leif: The Islamization of Science. Four Muslim positions developing an Islamic modernity. Lund 1996.
Symbole des Islam. Text von Malek Chebel. Photogr. von Laziz Hamani. Augsburg 1999.

STIMMEN AUS DER ISLAMISCHEN WELT

Abu Zaid, Nasr Hamid: Islam und Politik. Kritik des religiösen Diskurses. Frankfurt am Main 1996.
Aslandur, Rüstü: Der Islam im Überblick. Karlsruhe 1999. Bearbeitung: Dawa-Zentrum Karlsruhe: www.enfal.de/islub.htm
Al-Azm, Sadik J.: Unbehagen in der Moderne. Aufklärung im Islam. Hg. v. Kai Henning Gerlach. Frankfurt am Main 1993.
Islamisches Zentrum Aachen (IZA): Kenne den Islam. Blatt Nr. 1, 3. Überarbeitete Ausgabe 1989: www.islam.de
Machfus, Nagib: Die Kinder unseres Viertels. Zürich 1990.
An-Nawawi, Yahya: Vierzig hadithe. Übers. v. Ahmad von Denffer und K. Richards: www.orst.edu/groups/msa/books/nawawi_g.html
Ramadan, Tariq: Muslimsein in Europa. Untersuchungen der islamischen Quellen im Kontext. Marburg 2001.
Szostak, Jutta & Taufiq, Suleman (Hg.): Der wahre Schleier ist das Schweigen. Arabische Autorinnen melden sich zu Wort. Frankfurt/M. 2001.